Matthieu Stelvio

À LA POURSUITE DE L'HORIZON

Journal de voyage

Voyage vers le pays de Diogène

Cet ouvrage est une réédition du texte publié
sous le même titre par *Mon Petit Éditeur* en 2015.

© *Matthieu Stelvio, 2010.*

Édition : BoD – Books on Demand, info@bod.fr
Impression : BoD – Books on Demand, In de Tarpen
42, Norderstedt (Allemagne)
Impression à la demande
ISBN : 978-2-3225-0441-1
Dépôt légal : novembre 2023

1. L'envol

Le réveil sonne. « Bonjour, il est sept heures : le journal de la rédaction. » Le réveil sonne. « Bonjour, il est sept heures : le journal de la rédaction. » Le réveil sonne. « Bonjour, il est sept heures : le journal de la rédaction. » J'entends cette phrase environ trois cents fois par an. Dès qu'elle retentit, un poids supplémentaire tombe dans la balance qui, depuis de nombreux mois, est bloquée du côté : « Fiche le camp ! » Allez, fini le boulot, *vlan vlan vlan et vlan*, mes quatre sacoches sont prêtes… Je mets les voiles.

Comme tous les matins, je sors mon vélo, mais cette fois, arrivé au coin de la rue, au lieu de tourner à droite pour aller travailler, je tourne à gauche ; cette fois, au lieu de n'avoir sur mon porte-bagages qu'un antivol, j'ai tout mon mobilier : assiette, couverts, casserole, brosse à dents, oreiller, matelas, sac de couchage, tente *et cætera*.

Chargé comme trois facteurs, je vais moins vite que d'habitude. J'ai du mal à trouver l'équilibre et évite de justesse, voire d'extrême justesse, la chute à chaque fois qu'une voiture me double. En slalomant entre les portières et les klaxons, je traverse le cours Jean-Jaurès, passe les quatre ronds-points. Adieu Grenoble ! Mon voyage commence.

Freiné par le poids de mon vélo, je puise au fond de mes forces pour remonter la vallée de la Romanche, porte des Alpes. Ayant pris cinquante kilos d'un coup, mon compteur affiche des vitesses au moins deux fois inférieures à celles que j'atteins habituellement lors de mes envolées à vélo de route vers les cols de la Croix de fer, du Glandon ou du Galibier. Les villes toutes proches ne m'ont jamais semblé aussi lointaines. Plus je pédale, plus les distances s'allongent. Dès les premières heures, j'en ai marre ; marre de ces pentes sans fin, de ce vélo qui n'avance pas, de ce soleil de plomb, de ces mollets flapis, de ces genoux qui me font grimacer.

Puis arrive le réconfort du soir. Je découvre mon petit réchaud acheté la veille, à la hâte. En faisant craquer l'allumette, je redoute que la bonbonne de gaz m'explose à la figure. Je retiens mon souffle… Tout fonctionne ! Comme devant un objet magique, je suis émerveillé par la danse des petites flammes bleues.

Face aux couleurs orangées de la Meije, que Maria Jalek qualifierait aujourd'hui encore « d'indescriptible amoncellement de glaces, digne piédestal du pur sommet qui, sur un doigt levé, soutient le ciel », je déguste un petit bol de riz que mon imagination parfume d'exotisme. Manger chaud au bord d'une rivière en contemplant le glacier qui hante mes rêves est une grande première. Je découvre enfin le goût de l'aventure.

En dînant, j'écoute sagement les clapotis de la Romanche et songe à l'histoire que je vais vivre, aux choix qui m'attendent. Jusqu'où irai-je ? Me voici seul face au monde. Je suis à la fois euphorique et inquiet. J'ai mal aux genoux depuis des semaines. Mes limites physiques me font douter.

Toutefois, ma motivation est si grande que je garde confiance ; mon cœur est si gonflé que je l'entends battre des « J'y arriverai ! » Il n'est pas permis d'abandonner un rêve dès le premier obstacle : hors de question de renoncer ! Si mon corps fléchit, je ménagerai mon allure ; s'il le faut, je n'avancerai que d'un kilomètre par jour ; s'il le faut, je mettrai dix ans pour atteindre la Grèce, mais *j'y arriverai !*

À croire qu'en ces heures crépusculaires, seuls les voyageurs parcourent les montagnes, j'aperçois un cycliste qui s'approche. Il a des sacoches – *c'en est un !* Sa spontanéité, comme la mienne, est freinée par une de ces hésitations propres aux gens qui savent écouter leur timidité, et que les personnes moins sensibles confondent trop souvent avec l'indifférence. Il me salue, puis s'arrête. Autour de ma petite casserole, nous engageons la conversation. En bon Breton, il est parti de Brest et va jusqu'à Menton. Il relie l'Atlantique à la Méditerranée. Il en rêve depuis des années. L'été dernier, il avait conquis l'Alsace en partant de chez lui.

Il regarde mon vélo qui est, au bas mot, deux fois plus chargé que le sien. (Pourquoi ? Certes, j'ai peut-être un peu exagéré sur le matériel de secours : pneu de rechange, démonte-cassette, clés anglaises, deuxième chaîne… Mais si mon vélo est aussi lourd, c'est aussi à cause de ma modeste tirelire : ma tente est, par exemple, quatre fois plus lourde qu'une tente haut de gamme…) Bref, Titouan me demande d'où je viens. Je me sens ridicule, d'autant qu'il s'agit de mon premier voyage. Il me demande où je vais. Que répondre à ce vaillant Ulysse qui a tant vu ? Je suis très ambitieux et lourdement inexpérimenté. Je n'ose pas dévoiler mon objectif. De quoi aurai-je l'air si je dis à tout le monde que je pars au minimum pour un tour du continent, et que, finalement, je rebrousse chemin au bout de trois petits jours ?

Titouan m'explique que son premier voyage à vélo a changé son regard sur la vie : « Enfermés dans nos p'tites habitudes, nous nous croyons obligés de faire comme tout le monde. En partant à vélo, on s'rend compte qu'on peut vivre heureux avec quasiment rien. Tous les soirs, j'm'arrête à une fontaine ou près d'un petit ruisseau, j'sors mon savon… Pas besoin de baignoire, pas besoin de salle de bain… Un vélo, une tente, un peu d'eau, un morceau de pain… et voilà, ça suffit pour être heureux ! »

Je ne peux qu'approuver la théorie, mais redoute la pratique, ne serait-ce que le lavage de cheveux à l'eau froide. J'ai peur de bivouaquer seul dans la Nature et n'ose pas le dire à ce baroudeur chevronné. Je me demande si je vais réussir à trouver le sommeil, mais heureusement, plein de bienveillance, Titouan me propose de monter un campement « collectif ».

Après une bonne heure de montage, au grand étonnement de mon compagnon de fortune, je réussis à faire entrer mon vélo dans ma tente. Il ne faudrait pas qu'on me le vole… Je suis à l'étroit, mais je réussis presque à me retourner sans me cogner. Épuisé, sans même avoir le temps de songer aux attaques à main armée, aux sangliers, aux tiques, aux araignées et aux vipères, je m'allonge et m'enfonce aussitôt dans un doux sommeil.

C'est la première fois que je m'endors avec les montagnes.

*

D'habitude, le matin, lorsque je me réveille, je sais où je suis. D'habitude, le matin, lorsque je me réveille, c'est pour vivre une journée que je connais déjà. D'habitude, le matin, lorsque je me réveille, j'ai envie de me rendormir.

Subitement, tout est différent : je me crois dans mon lit, j'ouvre les yeux et ne sais plus où je me trouve. Les murs bougent, disparaissent. Une tente ? Mon voyage me revient en tête. Je me sens tout excité. Ce soir, serai-je en Italie ? Où dormirai-je ? Au cœur d'un alpage, dans une forêt, au bord d'une rivière ? Qui rencontrerai-je ? Par où passerai-je ? Le col du Galibier ? Le col de Montgenèvre ? L'Iseran ? Croiserai-je des marmottes, des marmottons, des chamois, des aigles, des vautours, des gypaètes ? Je me lève et prends doucement conscience que, désormais, chaque jour, j'écrirai ma vie, qu'elle ne me sera plus dictée. Pas de temps à perdre, je ne dois pas gâcher la moindre seconde de liberté. Plus tard, lorsque je vivrai à nouveau la routine d'un monde que je n'ai pas vraiment choisi, j'aurai le droit d'être paresseux ; mais là, tout de suite, maintenant, il faut se battre, être jeune, vivre fort !

Après avoir englouti quatre bananes et un litron de jus d'orange, je démarre ma journée avec une énergie débordante. À moi l'Italie ! Hélas, mon organisme me rappelle rapidement à l'ordre, et, sur les pentes du Lautaret, mon coup de pédale perd en fluidité. J'ai mal aux fesses, au genou droit, puis au gauche… Je m'arrête une fois, puis deux, puis toutes les cinq minutes. À midi, j'ai grimpé dix kilomètres. Plus que trois mille pour arriver au pays de Diogène. Inquiets, des automobilistes me demandent si je vais bien. Que leur répondre ?

Au col du Lautaret, deux mille cinquante-huit mètres d'altitude, un grand curieux me demande pourquoi je pars. Désarçonné par une question si intime, je suis tenté de lui répondre : « Et toi, pourquoi tu restes ? » L'explication est à la fois si longue et si évidente. N'étant pas d'humeur loquace, je détourne poliment la conversation.

Tous les enfants ont des rêves. Trop souvent, la société est sourde, ne nous écoute pas, nous attrape et détruit toutes nos vocations. Je me souviens de mes belles ambitions. Je me voyais aller au bout du monde. Je voulais garder des moutons, marcher au bord des dunes. Puis les années passent… À l'usure, les médias, les publicités s'emparent de nous. Peu à peu, nos têtes sont habitées ; on nous en dépossède. Nous perdons nos idéaux, devenons d'impersonnels consommateurs. Plus le temps de sourire, plus le temps de regarder les nuages, plus le temps de rêver ! On nous dit que la vie est ainsi, et qu'autrement, ce serait pire. Voilà, si je pars à vélo, c'est pour dire non à tout ça, pour ne pas me transformer en pion, pour choisir ma vie.

Pour moi, pédaler est un moyen d'expression physique ; un moyen d'affirmer avec détermination : « Non, vous ne me mettrez pas en boîte. Vous ne m'enfermerez pas dans vos voitures, dans vos bureaux, dans vos magasins, dans vos supermarchés, dans vos barres de béton, dans vos ordinateurs, dans vos télés… Hé ! Hé ! Bande de timbrés, attrapez-moi si vous pouvez ! »

Mais où aller ? Hier, au premier coup de pédale, je n'avais aucun itinéraire précis en tête. Ce qui comptait, c'était de partir loin. Au sud, je serais rapidement bloqué par la Méditerranée ; à l'ouest, par l'Atlantique... Il me restait donc le choix entre deux points cardinaux dont les limites ultimes sont le cap Nord (en Norvège) et le détroit de Béring (près de l'Alaska). Ambitieux, je suis parti vers l'est, tout en me disant qu'au fil des jours, je me laisserai guider par les aléas de l'aventure.

Face aux cimes de la Meije, je rêvais de la Grèce, mais, au Lautaret, j'ai encore le choix. D'un côté : l'imposant col du Galibier, l'Allemagne, la Suède et la Norvège. De l'autre : le col de Montgenèvre, l'Italie, la Croatie et la Grèce. Ma liberté est pesante : j'ai le sentiment de devoir sacrifier l'un de mes deux rêves pour que l'autre vive.

Sous un doux ciel bleu, je m'assois face aux neiges éternelles et songe aux raisons qui me poussent à partir, puis à l'histoire que je vais écrire. Que choisir : le Grand Nord ou le soleil de Diogène ?

2. Le soleil de Diogène

Un soir, en rangeant mes classeurs, j'écoutais distraitement mon vieux poste de radio qui monologuait tristement dans son coin. Les actualités ne m'intéressaient pas vraiment : dans un siècle, qui se souviendra des prises de positions politiques de Jean-François Copé ? Puis un universitaire à la voix monocorde se mit à parler d'un « clochard céleste » ayant vécu dans une jarre (« et non pas dans un tonneau, invention gauloise »). Cet ascète avait un goût si prononcé de la provocation que sa réputation franchit les frontières de la Grèce antique. De passage à Athènes, Alexandre le Grand alla voir cet homme pour lui offrir ce qu'il désirait. Diogène de Sinope, qui aurait pu obtenir la fortune matérielle, répondit qu'il ne voulait qu'une seule chose, que le conquérant s'ôte de son soleil, et ajouta, pour plus de clarté, que « l'homme riche est celui qui se suffit à lui-même. » La foi de Diogène était si profonde que lorsqu'il vit un enfant boire dans le creux de sa main, il décida de suivre son exemple et de se séparer de son bol, objet superflu.

Cette nuit-là, dans mon sommeil, je m'imaginai vivre comme ce rebelle, ne rien posséder, ne rien désirer, me nourrir de soleil.

Vivre conformément à la Nature sans s'encombrer d'impératifs sociaux est un choix plus élégant que de passer son temps à manipuler des chiffres au milieu de murs ne laissant pas passer la lumière du jour. Plutôt que d'épuiser le monde, pourquoi ne pas se consacrer à l'ascèse ? Plutôt que d'obéir à des désirs inutiles, ne ferais-je pas mieux de leur tourner le dos ? Et puis, à quoi bon se fatiguer à se construire une vie semblable à des millions d'autres lorsque l'on peut destiner ses efforts à une vie qui ne ressemble à aucune autre ?

Après plusieurs dizaines de siècles, la lanterne de Diogène brille toujours ; et sa lumière m'attire à la façon d'une ampoule sur laquelle se jette un papillon de nuit. C'est décidé : je vais en Grèce !

*

Au cœur de la soirée, il y a dans l'air comme un gai parfum d'été. J'ai des ailes et je plane sur ma nouvelle vie… Me voici en Italie ! Mais où planter ma fichue tente ? J'hésite longuement, prends le temps d'étudier la topographie du terrain, de peser avec grand soin chaque risque. En forêt, des sangliers pourraient me piétiner. Dans les prairies, des tiques pourraient me transmettre la maladie de Lyme. En altitude, la foudre pourrait me réduire en cendres. Près de la route, je pourrais me faire repérer. Je n'ose pas prendre de décision. J'ai peur de bivouaquer seul. À deux, on peut au moins mutuellement se réfugier derrière la force exagérée de l'autre. La nuit tombe… Mes paupières s'alourdissent… Agacé par mon indécision, je finis par m'installer au milieu de nulle part. Trop éreinté pour me faire du mouron, je m'endors comme une marmotte.

*

Ravivé par le soleil, je serpente paisiblement à travers les montagnes, et me laisse glisser vers les belles couleurs d'un village italien. Assise près de sa petite maison, une femme d'un âge sage me regarde passer et me sourit avec insistance. Politesse oblige, je m'arrête. Elle me demande jusqu'où je compte aller, puis me parle du grand voyage de son mari. Je ne connais pas un mot d'italien, mais son enthousiasme est si communicatif que je la comprends. Il y a cinquante ans, Olmo est parti de ce village à vélo et est allé jusqu'au… cap Nord ! (Décidément, certains rêves sont aussi collants que des chats réclamant leur gamelle.)

Olmo arrive. Il est immense. Sa femme me présente. Par des gestes sans doute plus cocasses que compréhensibles, j'explique à quel point l'ascension du Lautaret fut pénible avec un vélo aussi lourd… Amusé, il me dit qu'à l'époque, lui aussi était mince. Avec l'âge, il a pris *un peu* de poids. Mon chargement et moi sommes plus légers que les cent vingt kilos de son seul corps, ce qui le fait rire. Il me raconte sa grande odyssée : la Suisse, l'Allemagne, la Scandinavie, les fjords, les lacs, la pluie, les moustiques, les rennes, les élans, le cercle polaire, le froid et les couchers de soleil interminables. Je l'écoute faire grandir en moi une conviction : dans la vie, il y a des mois, des jours, des secondes qui comptent plus que des années.

Après son voyage, Olmo s'est construit une vie avec son vélo et ses montagnes... Il évoque l'Agnel, l'Izoard, la Lombarde, le Galibier, l'Iseran. Tous ces noms résonnent en moi comme des noms de vieux amis. Je me suis déjà battu pour chacun d'eux. J'espère qu'à son âge, j'aurai un aussi beau jardin. Je le comprends, il me comprend. Olmo n'a pas besoin de me demander pourquoi je pars.

Sous un grand ciel bleu, c'est avec un petit pincement au cœur que je descends vers Susa. Plein d'euphorie, je pars vers l'inconnu. Plein de tristesse, j'abandonne les Alpes.

Tout petit, j'ai grandi à la campagne. Puis, encore enfant, je l'ai quittée pour habiter en ville. Je me souviens de la banlieue parisienne. Au-delà de la sphère humaine et familiale, le monde me paraissait si vide, si triste... À l'école, dans ma chambre, près du radiateur, dans les rues, il n'y avait que le béton inerte et gris. Pas un brin de Nature, pas un paysage. Dans ce monde sans horizon, je rêvais de grands espaces, je rêvais désespérément. Puis, un jour, j'ai découvert les montagnes. J'ai commencé par les regarder d'en bas. Elles étaient si belles au-dessus des grands immeubles gris... Tout doucement, je les ai approchées. Je me suis laissé apprivoiser ; et depuis, dès que je suis loin d'elles, je suis en manque. J'ai besoin d'avoir des sommets autour de moi. Ce sont comme des étoiles ; des étoiles sur lesquelles je suis allé, sur lesquelles j'ai laissé des souvenirs ; des étoiles intimes.

La semaine dernière encore, lorsque travaillant, je traversais une petite lassitude, il me suffisait, pour me déconnecter de la réalité un peu triste et monotone, de caresser des yeux les cimes de Belledonne. De mon poste, je détournais légèrement la tête, puis levais le regard pour franchir la barrière de béton. La ville, alors, se volatilisait. En un clignement de paupières, je me téléportais au sommet de la Grande Lance de Domène, retrouvant ainsi la beauté des crêtes et la sérénité des bouquetins.

À bien y réfléchir, je sais où trouver mon paradis : il n'est pas à l'autre bout du monde, il est tout simplement au-dessus de chez moi. En lui tournant le dos, je me demande si je fais le bon choix. Pourquoi ne pas rester avec les montagnes ?

J'ai tant de mal à comprendre ma petite caboche mal rangée : je désire à la fois une chose et son contraire. Sans que je ne sache trop pourquoi, malgré ma volonté de rester parmi les bouquetins, j'ai ce besoin d'aller vers le lointain. Il y a sans doute des âges où mener un combat est plus attrayant que de vivre dans la quiétude du bonheur. Je crois vouloir parcourir un chemin, construire une histoire ; et pour cela, bien que toujours un peu hésitant, je me crois prêt à abandonner mes montagnes bien-aimées, à plonger dans les tourments des plaines surpeuplées. La vie étant généralement longue, j'espère que plus tard, je deviendrai plus sage et que la contemplation d'un paysage suffira à mon épanouissement.

Dans un petit coin de ma tête, je songe déjà à ma retraite. Un de ces jours, au détour d'une aventure, j'espère trouver une jolie clairière au bord d'un grand lac. L'endroit serait si charmant que je m'y arrêterais un soir, puis deux, puis toute une vie. Entre les sapins, je bâtirais une belle cabane en bois.

J'abandonnerais alors le lointain, sans toutefois renoncer à contempler l'horizon. De temps à autre, un ours passerait devant ma fenêtre. Je le regarderais. Il me regarderait. Le matin, je monterais dans ma petite barque, puis pêcherais en admirant les montagnes bordant mon joli lac. Les nuits de belle lune, assis au bord de l'eau, tout en écoutant le hululement des chouettes, je plongerais mon regard dans le reflet bleuté de la voûte céleste. En cette vie éclose d'une douce rêverie ne demeurerait plus un bruit – simplement une musique : le souffle du vent, le chant des oiseaux, la beauté du silence.

3. Doutes et contretemps

En descendant vers Turin, je suis entraîné vers le tumulte du monde que je fuis. À peine plus rassurantes que des vélociraptors, les voitures, machines malodorantes qui ne s'expriment qu'à coups de klaxons, se multiplient. De plus en plus vive, l'angoisse de me faire renverser par ces grosses bêtes filantes s'empare de moi. Pris au piège, je ne suis plus qu'un animal chétif et crispé, en fuite.

Je n'ai jamais eu beaucoup de sympathie pour les automobiles. Les côtoyer à vélo n'arrange rien. La voiture, c'est la fin de l'aventure. Finies les promenades, finies les épopées, il n'y a plus qu'à s'asseoir et à tourner la clé. Tranquille, ça roule ! Mais sous le capot, le moteur fume et broie des pans entiers de poésie : la lenteur, le calme, l'attente, l'effort...

En voiture, il n'y a plus de chemins, seulement des routes ; plus d'arbres, seulement des forêts ; plus de fleurs, seulement des champs ; plus d'aspérités, seulement des surfaces. Tragique imprégnation : au regard de notre époque, la Nature n'est plus une fin en soi, mais simplement un espace à dompter. Lors d'un déplacement en voiture, ne ressentant pas grand-chose à la vue des images qui défilent sur un pare-brise, l'étendue – autrefois appelée Cosmos – qui sépare un point de départ d'un point d'arrivée n'importe guère, de sorte que, les uns après les autres, les détails composant la Nature sont oubliés, disparaissent. À force d'enlever des notes, la mélodie s'efface et la vie devient insipide.

Dans nos sociétés modernes, l'utile prime sur le sacré. Le monde se vide de sa consistance poétique pour se remplir de vacuité fonctionnelle. À petit feu, il agonise, et nous avec. Hélas, comme un poison dans l'air, ce mal est si répandu que nous oublions de le combattre.

Et les avions ! Tranchant jusqu'à l'azur le plus pur, ce qu'ils ont rendu le monde minuscule ! S'ils avaient été inventés plus tôt, quels eussent été les récits d'Homère, de Richard Chancellor ou de Robert Louis Stevenson ?

Mon combat est simple : avec mon vélo, je pars à la reconquête du monde ; par la lenteur, je l'habille de fleurs et d'écureuils.

Distrait par l'angoisse de la collision, ce n'est qu'en entrant dans la banlieue de Turin que je constate, plutôt étonné, la disparition de l'une de mes deux selles. Depuis le début de mon voyage, ma position assise est douloureuse. Ne pouvant plus tenir, j'ai acheté une nouvelle selle à Susa. Depuis, je fais des tests ergonomiques. J'essaie de trouver la position idéale, modifie hauteur et inclinaison de guidon… En changeant de selle, j'ai posé l'ancienne sur une sacoche, mais sans l'accrocher. Puis je suis reparti, concentré sur mes nouveaux réglages. Bref, mon ancienne selle est tombée sur la chaussée ; je ne sais où. À contrecœur, je fais demi-tour pour la retrouver. Il me faut à nouveau affronter les flots de voitures. Double ration de brûle-poumons !

Vingt kilomètres moins loin : toujours rien. Je désespère. Mon voyage n'a absolument aucun sens. Finalement, c'est dans un fossé que je la récupère. D'une main victorieuse, je la saisis et me rends compte, du même coup, qu'elle n'a plus de rails : une voiture – maudit engin – lui a roulé dessus. Ces cinquante kilomètres à pédaler dans le cagnard et les gaz d'échappement « pour que dalle » me rendent amer. Je ne me pardonne pas ce manque de concentration. Je ne supporte pas l'idée de gâcher aussi bêtement mon temps et mon énergie. Cette aventure, c'est ma vie rêvée ; j'y songe depuis des années. Ma petite étourderie me coûte des dizaines de kilomètres, et je dois rattraper ce retard.

Quelque peu énervé, j'arrive à Turin. Ma mauvaise humeur influence mon jugement, qui ne peut être, dans ces conditions, que sévère et radical : Turin n'a rien d'intéressant... En ce fichu jour, les grandes villes me paraissent toutes semblables. Et je connais mon sujet : j'ai survécu à plusieurs overdoses de banlieue parisienne. Du ramdam, des arbres en cage, des carrosseries, de l'acier, des murs, du béton, du gris et pour seul réconfort : quelques pigeons ! De moins en moins sensible aux beautés urbaines, stériles et euclidiennes, je ne connais que trop bien ces rues où tout est fait pour être utile, où tout finit par être laid. Toutes ces publicités, toutes ces sollicitations, tous ces gens qui ne regardent nulle part, qui semblent absents, à peine vivants ; prisonniers de leur téléphone, de leurs écrans. Tous ces visages sans expression, toutes ces vies pleines de désillusions. Est-il possible de créer de l'harmonie dans du béton ? Les grandes villes nous façonnent tous de la même manière et dissipent nos singularités. Comme un évadé, je fuis ces terres de captivité.

Après avoir acheté une carte d'Italie, je repars sous une fine pluie. Peu importe, je ne m'arrête pas. Mon corps a besoin de s'exprimer, de danser avec mon guidon. La Nature m'appelle.

La nuit s'installe. Derrière ma p'tite dynamo, j'pédale, j'pédale… Depuis quelque temps, tout autour de moi, il n'y a plus d'immeubles, plus d'usines, seulement des champs secs comme des déserts. À trois heures du matin, la pluie reprend. J'pédale, j'pédale… Jambes molles, tête brouillée, je flanche. Pour m'abriter des gouttes, je m'assois sous le porche d'une vieille ferme délabrée.

En mangeant ma dernière banane, je m'interroge : j'hésite entre continuer et m'arrêter pour dormir. J'ai la frousse de planter ma tente sur ces terrains vagues et inconnus. Dans ces champs à perte de vue, sous un ciel bâché par les nuages, il n'y a aucun arbre protecteur, rien de bien enchanteur. De la terre et des cailloux. Aucune étoile. Ces lieux ne m'inspirent pas confiance. Je redoute le propriétaire de mauvais poil, le chasseur un peu trop réactif, l'automobiliste un peu trop curieux, et, plus que tout le reste, j'ai peur de me faire piétiner par d'impitoyables sangliers.

Je me retourne et examine le porche. Je pourrais m'allonger sur le sol quelques minutes. Un volet dégondé, des fenêtres cassées : le bâtiment a l'air abandonné. Je m'aventure. J'appuie sur la poignée. La porte s'ouvre. J'hésite à entrer. Il pourrait y avoir des squatteurs, des poux, des tiques, des seringues, des rats, des cafards, des mygales, des chauves-souris, des assassins, des chiens enragés, des cadavres en décomposition ou je ne sais quoi. Je pèse scrupuleusement les bénéfices et les risques. Je les mets en balance. Puis, trop fatigué pour continuer à réfléchir, trop trempé pour rester dehors, j'entre.

À l'abri des courants d'air, dans un coin d'une grande pièce vide et obscure, je ferme les yeux en écoutant les volets claquer. J'ai le ventre noué, les muscles crispés. Épuisé, je sombre dans une léthargie anxieuse fréquemment interrompue par des bruits innommables. Ma nuit est ponctuée d'étranges cauchemars. Un rat entre dans mon sac de couchage, me passe sur le corps, me mord un orteil. La douleur est affreuse. Mes muscles se tétanisent. Je ne peux plus bouger. Il me court sur le corps. Un volet claque. Je me réveille. Soulagé, mes paupières se referment. J'entends une petite bête courir, puis une autre. Le sol craque. Mon corps se crispe. Il est quatre heures du matin. Quand me reposerai-je ?

4. Camping et supermarché

Impatient d'atteindre la Slovénie, je contourne soigneusement les reliefs et pédale à travers ces champs sur lesquels ne poussent que des cailloux. Tout autour de moi, il n'y a rien ni personne. Qu'il est loin le pays de Diogène ! Ma motivation décline : à quoi bon pédaler si l'image se reflétant sur mes rétines est toujours la même ? Ne suis-je pas parti à vélo pour vivre une aventure, pour faire des rencontres, pour découvrir de nouveaux horizons ?

Quelle chaleur ! Des cascades de sueur coulent sur ma peau rouge incendie. Je n'ai plus très envie de continuer. Tout s'embrouille : j'ai le cerveau déshydraté, les idées sèches. J'pédale pour rien. Je me bats contre le vide. Les paysages ont disparu. Je me trompe de direction. J'ai voulu quitter les Alpes. J'en paie le prix ; celui d'une lassitude infinie… Y a-t-il une issue à cette vaste platitude ? Je ne perçois que de lointains mirages que je n'atteindrai sans doute jamais. Durant des heures, je rêve d'un coin d'ombre, d'une étincelle de magie…

À un boyau du désespoir, je finis par trouver un petit arbre sous lequel je m'allonge pour contempler, à travers de jolies branches, le bleu du ciel. J'ai tellement tort d'investir dans l'avenir, de renoncer au moment présent, de me dépêcher d'être loin. Les nuages sont tellement beaux. Voyager, ce n'est pas foncer tête baissée vers un objectif en fixant le bitume. Voyager, c'est sortir de l'agitation du monde. Voyager, c'est regarder les nuages.

C'est décidé : je change de cap. Marre des plaines agricoles, j'oblique vers la Lombardie. Bien que les champs soient toujours aussi vides, ce changement d'azimut me redonne du baume au cœur. Les mirages gagnent en netteté. Mes rêves m'hypnotisent. Je me vois déjà rouler, cheveux au vent, dans la fraîcheur des forêts, entre lacs et collines. Mes poumons se regonflent. J'appuie sur les pédales avec force et enthousiasme.

Mais mon imagination, encore trop peu musclée, s'épuise vite… C'est alors qu'un joli village s'offre à moi à la manière d'une oasis. Pour satisfaire mon appétit d'ogre, je me précipite dans une crémerie et achète un gros morceau de gorgonzola que j'écrase entre deux tranches de pain. Mon goûter interloque une mamie, elle me sourit. Un oiseau chante, je reprends vie.

L'homme riche n'est pas celui qui veut toujours plus, mais celui qui sait s'asseoir sur un banc et rêver durant des heures. Encore très pauvre, je n'en suis qu'à quelques minutes.

En fin de journée, j'arrive au lac de Côme. J'espérais bivouaquer au bord de l'eau, profiter, en compagnie de quelques cygnes, de la musique « que joue le clair de lune sur la flûte du silence ». Hélas, le lac n'est pas bordé par cette Nature que je désire tant, mais par ces voitures, ces supermarchés et ce goudron que je fuis désespérément. Pour dormir près du lac, il me faut sortir des billets, installer ma tente entre deux caravanes et dix voitures, endurer le bruit d'une sono et des odeurs de friture. Je n'en suis plus à une désillusion près.

Arrive la nuit. Les lumières artificielles encombrent le ciel qui, ainsi encrassé, perd toute son immensité. Ce que je reproche aux villes, c'est de faire disparaître les étoiles.

*

Recouvert de cinquante boutons de moustiques, je me réveille en nage. Dans les sanitaires, des enfants chahutent, des assiettes se cassent, des parents s'époumonent. Un prof de gym hurle dans un micro. J'ai payé pour être là. Il est dix heures. Je découvre les joies du camping.

J'aurais préféré m'éveiller dans le silence. Pas dans un silence vide. Non, le silence que j'aime est empli des petits sons de la Nature. Le silence que j'aime, c'est le son du monde sans le vacarme des humains. Trop souvent, les humains parlent si fort, vivent si fort qu'ils masquent toutes les petites mélodies de la vie. Il faut éteindre les moteurs ; il faut se taire pour écouter le vent qui souffle dans les roseaux, les dialogues du crapaud et du hibou. En parlant à voix basse, en marchant à pas doux, on peut ne pas faire fuir le silence, ne pas l'effrayer.

Ne dirions-nous pas moins de bêtises si, avant d'ouvrir la bouche, nous prenions le temps d'écouter les oiseaux chanter ? J'aimerais tellement vivre dans une société qui chuchote…

Je n'avance plus. Ces routes m'ennuient terriblement. La chaleur, le béton, les voitures m'étouffent. C'est donc ça, la Lombardie… En rêve, c'était tellement mieux ! Je veux fuir, mais je n'en ai plus la force. À treize heures, je n'ai que cinq kilomètres au compteur.

Le soleil me brûle la peau. J'ai la nausée et ne sais plus où aller. Sur mon chemin, je ne croise que des supermarchés. J'entre dans l'un d'eux en espérant trouver un petit quelque chose d'appétissant. C'est en divaguant entre des rayons peu inspirants que je retrouve un peu de joie de vivre : pour la première fois depuis le début de mon voyage, j'entends des chansons. Entre les pots de yaourt, un petit air italien. Entre les fruits et les légumes, du rock américain. À l'abri des pots d'échappement, me voilà réduit à savourer l'air conditionné comme une bouffée d'air frais…

Il faut être lucide : je rêvais d'un autre scénario. Pédaler me casse les pieds. Les routes sont toutes faites du même bitume. Mon aventure tombe à plat. Écrasé par cette pesante réalité, je ne rêve que de légèreté. Pour voyager, j'aurais mieux fait de rester chez moi, de m'allonger sur mon lit, la fenêtre ouverte, les paupières closes, à écouter le bruit du vent.

La nuit arrive enfin. L'obscurité voile la laideur des zones industrielles. La douceur nocturne succède à la fournaise diurne. Peu à peu, les voitures disparaissent ; le monde devient plus calme, mon coup de pédale plus fluide. C'est l'occasion de fuir. Même si la fatigue pèse sur mes paupières, il faut profiter de ce calme et de cette fraîcheur pour pédaler. Demain, je serai loin !

Peu à peu, la monotonie des terres agricoles me fait oublier la cacophonie urbaine... Minuit passe. Pour tenir le choc, perfusion de jus de fruits. Je me répète que « mon corps est un moteur qu'il suffit de remplir de carburant », mais je sens bien que la machine se dérègle, que mon cerveau s'épuise. Dans ces moments de solitude et de silence, je n'ai plus vraiment d'idées ; pédaler m'abrutit tellement que j'ai peur de me perdre, de ne plus être moi-même, de m'écrouler et de ne plus savoir me relever ; mais c'est aussi dans ces moments que je me sens le plus euphorique, car j'ai enfin l'impression que ma volonté triomphe des limites de mon corps ; et ce triomphe est d'autant plus excitant qu'il est fragile, menacé de rupture à tout instant. J'aime pédaler jusqu'au bout de la nuit ; c'est comme si j'entrais dans un monde inexploré où chaque sensation sortait de l'ordinaire.

J'avais mal démarré ma journée. Je la termine avec deux cent trente-cinq kilomètres au compteur. J'aurais pu faire mieux, mais avec ce vélo de cinquante kilos (équipé de toutes les pièces de rechange permettant de faire face au plus improbable des pépins dans les déserts les plus lointains), ces deux cent trente-cinq kilomètres restent une performance honorable. C'est du moins ce que je me dis en m'écroulant de fatigue sous un figuier.

*

Alors que le ciel vire à l'orange, j'atteins le sommet d'une colline. L'étendue infinie du lac de Garde apparaît. M'imprégnant du calme enchanteur de ce nouvel océan, je reste un long moment sur mon promontoire. Que la Lombardie est belle !

Par un petit sentier oublié, je rejoins un pêcheur solitaire qui m'explique, en long et en large, que le lac de Garde a la forme d'un gros jambon et que nous sommes au niveau de la partie la plus dodue de ce jambon. Il pêche sur ce rivage depuis bientôt trente ans. Il n'imagine pas qu'il puisse exister un lac plus beau que le sien. Son bonheur se lit sur son visage : lui ne se dépêche pas d'être ailleurs.

En poussant mon vélo, je longe le rivage et ne rencontre que des oiseaux. Je m'arrête devant des bébés cygnes. Le ciel prend des couleurs de fleurs. Je trouve un petit endroit pour installer ma tente, puis m'assois entre mon campement et le lac. En se faisant silencieux, chaque petit son de la Nature éveille en nous une émotion ; de sorte qu'être seul en pleine Nature, c'est apprendre à s'écouter soi-même.

L'air est doux… Le soleil s'estompe… L'atmosphère se charge de merveilles… Il faut que la nuit tombe pour que surgissent les étoiles… Par une mystérieuse alchimie, la gravité terrestre cède sa place à la légèreté onirique, si bien que le passé et l'avenir se dissipent à travers les vapeurs du soir… si bien que les heures et les secondes, les mots et les tracas se volatilisent. Plus rien ne pèse, ni le temps ni l'espace. Les distances sont abolies. Je me perds dans mes rêves et ressens jusqu'au souffle du Baïkal.

Partir à l'aventure, c'est reconquérir le goût de la découverte, c'est reconquérir son enfance. À l'inverse, entrer dans l'âge adulte, c'est apprendre à habiter un monde que l'on connaît, c'est perdre la capacité de s'émerveiller.

5. Béton, compétition et autres désillusions

Porté par un doux zéphyr, je chemine tranquillement à travers la campagne lombarde. Mon voyage prend une forme nouvelle. À l'instar d'un navigateur qui sort de la tempête, je me sens plus confiant. Je suis à la fois apaisé et conquérant.

Soudain, déboulant de je ne sais où, une voiture pleine de gyrophares me lance de gros coups de klaxon. Elle est suivie d'une deuxième voiture, puis d'une troisième, puis d'une quatrième, puis d'une colonie de motos et de camions. Sur chaque véhicule sont plaqués des autocollants *Giornale dello Sport*. Des motards viennent à mon niveau, je leur dis : *"Buongiorno!"* Ils ne me répondent pas, mais m'ordonnent de m'arrêter. J'obéis et regarde passer un peloton de cyclistes recouverts, de la tête aux pieds, de logos publicitaires, puis les lâchés, puis la voiture-balai bringuebalant de pauvres coureurs abandonnés. Triste univers que celui de la compétition où, comme au temps des dinosaures, où, comme au temps des capitalistes, la loi du plus fort fait autorité.

Léger comme l'air quelques secondes plus tôt, je deviens subitement le spectateur contraint d'une mise en scène qui me rappelle une société que je fuis ; une société qui se permet trop souvent d'utiliser l'humain comme un outil destiné à générer de l'argent.

Dès leur plus jeune âge, la société éloigne les enfants de leurs rêves en les notant, en les classant, en les mettant en compétition, en leur enseignant la performance, en les soumettant aux angoisses de la sélection… Et il n'est pas facile pour les nouvelles générations de se débarrasser de ces sinistres addictions. Lorsqu'il quitte l'école, l'élève, qui se battait pour avoir les meilleures notes, sent un grand vide l'envahir. Dans une société où la compétition n'est pas (encore tout à fait) omniprésente, le compétiteur, souffrant d'un manque de comparaison, doute de sa valeur. Subitement, il perd ses repères. Il pourrait alors se remettre en cause, passer de la guerre à la paix, mais malheureusement, la compétition sportive est là pour transformer autrui en adversaire, pour répondre à la question cruelle et primitive, martelée par l'époque : « Miroir, mon beau miroir, suis-je le meilleur ? »

Se croire meilleur que les autres est l'origine même de la bêtise. Chaque effet a ses causes, et chaque effet devient cause d'autres effets. Une multitude de paramètres influence une performance. Certains de ces paramètres sont dépendants de notre volonté, d'autres en sont absolument indépendants, au point qu'une performance exceptionnelle est le fruit d'une heureuse combinaison d'aléas avant d'être la récompense légitime et proportionnée d'un travail. Avec un taux d'hématocrite légèrement abaissé ou un patrimoine génétique à peine modifié, l'homme le plus endurant du monde deviendrait physiologiquement ordinaire, et échouerait à se distinguer sportivement, même en allant jusqu'à puiser au fond de lui-même. Hiérarchiser les individus est à la fois absurde et cruel. La souffrance est muette. Le mérite n'est pas quantifiable.

Faiseuse de réalité, la médiacratie accorde à la performance sportive une importance démesurée et ne reconnaît pas à sa juste valeur le travail qui fait sens, le travail qui contribue à rendre la société plus juste. Le champion qui vit de la mise en scène de ses efforts peut avoir moins de mérite que le travailleur qui sue en silence.

La valeur d'un individu ne réside pas dans son action. Celui qui agit beaucoup n'est pas forcément plus respectable que celui qui fait peu, car se débattre pour des futilités peut être plus nuisible que savoir se contenter de peu. Et puis, en se lançant dans la compétition sportive, l'individu n'échange pas, ne lit pas, ne réfléchit pas, ne contemple pas, mais ne fait qu'épuiser un capital de vitalité ; un capital, relativement précieux à l'échelle de l'Univers, qui pourrait être mis au service de causes plus honorables – de la rêverie, par exemple.

Les dernières voitures *Giornale dello Sport* passent. À la manière d'un os lancé à un chien, on me jette un sac de bonbons. Toute cette agitation me paraît complètement vaine. Autrefois, pourtant, avec mes yeux d'enfant, je voyais les choses différemment. J'admirais naïvement des coureurs qui, les uns après les autres, ont fini par avouer leurs mensonges. Cette machine infernale est allée jusqu'à tuer, un jour à Rimini, le champion de mon enfance, le pirate au bandana. Petit, j'osais croire que toute victoire était le fruit d'efforts et de mérites. Il a fallu que je grandisse avec mes désillusions ; ce qui, au final, m'a été plutôt profitable, car en désapprenant la compétition, je me suis initié à la contemplation.

*

J'arrive au bord de la mer. J'en rêvais. La voici : l'Adriatique ! Ma carte est formelle : j'y suis. Je la cherche, mais ne la trouve pas. Des rangées d'hôtels font obstacle. Je m'engouffre dans une ruelle, slalome entre des poubelles, puis finis par trouver une plage. Elle est recouverte de parasols jaunes et uniformes. Je suis face à l'Adriatique. J'attends ce moment depuis des années, mais je n'éprouve pas grand-chose. Je pousse mon vélo entre deux lignes de transats, histoire d'aller toucher cette mer qui me faisait rêver. Un type torse nu vient me voir et me demande de partir : c'est privé. Je continue à avancer en m'exclamant :

– Non ! Vous ne pouvez pas m'interdire d'être là !

– Comment ça, je ne peux pas ?

L'inélégant percepteur essaie de soulever mon vélo pour le renverser, mais les cinquante kilos de ma monture lui résistent. Je fais demi-tour et renonce à lui expliquer mon point de vue sur les contestables fondements du droit de s'approprier la Nature. C'est trop tard. C'est irrémédiable : le goudron est déversé ; le mal est fait. Muet de colère, je ronchonne entre leurs poubelles : « Comment ça, je ne peux pas aller sur la plage ? Toi qui as fait cinquante mètres en tongs, tu as le droit d'être là ; et moi qui ai fait mille kilomètres à vélo : non ! Et puis quoi encore ? »

Mon agacement indiffère le vent. Les années passent et m'apprennent que ce qui est légal n'est qu'occasionnellement légitime – et qu'à peu près tout le monde s'en fiche. À l'usure, les lois, que la force protège, déchirent les cœurs, que rien ne protège.

Je découvre Vérone, puis Venise. Étant d'humeur aventurière plus qu'amoureuse, voir ce que des millions d'autres voient m'enthousiasme nettement moins que de me retrouver seul face à un paysage infini. L'onirisme des cars de touristes ne m'inspire guère ; et les tableaux romantiques du XIXe siècle cèdent la place, dans mon cœur, aux platitudes de mon époque. J'aurais mieux fait de continuer à rêver de ces villes plutôt que de m'y jeter.

L'Italie n'en finit plus... Chaque tour de jambe fait frotter l'élastique de mon cuissard contre mes plis inguinaux ensanglantés. Je me vide de mon eau. J'en ai assez de cette sueur qui colle à ma peau brûlée par le soleil. Tous ces petits désagréments font que, bien souvent, en début d'après-midi, je me sens comme anéanti par le restant de la journée. Encore des centaines de milliers de coups de pédale à donner, quelle pesanteur ! Mais il y a toujours en moi cette croyance selon laquelle, mes efforts récompensés, je finirai par atteindre ce grand quelque chose qui me manque. En pédalant, tourne dans ma tête le petit kaléidoscope qui, tout en douceur, fait défiler les images rêvées de ces contrées tant désirées qui, je l'espère, m'éblouiront : les îles de Croatie, la Grèce et son Olympe, le Parthénon, la Turquie, Istanbul, Sainte-Sophie...

Parfois, je m'imagine léger comme l'air, loin de mon vélo, seul en pleine Nature. Un de ces jours, par les petits sentiers, je partirai à pied... Jusqu'où ? La Suisse, l'Autriche, la Suède, le cercle polaire ? Ce que les montagnes me manquent ! Les alpages, les lacs, les forêts, les fleurs (les trolles, les jonquilles, les lys martagons, les edelweiss), les glaciers, les marmottes, les chamois, les bouquetins, les aigles, les vautours... En pédalant, je rêve d'horizons nouveaux : de grandes plaines sauvages, d'océan, de déserts, de fjords… Tous ces rêves se mélangent… Et lorsque mon corps, scotché aux routes sèches et monotones, n'en peut plus, ce sont les vagabondages de mon imagination qui me viennent en aide et me poussent à continuer.

Je me souviendrai toujours de mes premières envolées, de ces précieux moments où, partant de chez moi à vélo, j'ai découvert les cols de la Bataille, de Sarenne, de l'Iseran, du Galibier, la Meije et tous ces sommets qui côtoient les glaciers… Dans ces grands espaces atteints après plusieurs heures d'effort, j'étais bien souvent exténué, mais ressentais un profond sentiment de liberté. J'avais l'impression d'être loin, au bout du monde, hors du temps, dans un espace infini, magique et secret. C'est le souvenir de mes premières émotions à vélo qui a fait germer en moi l'idée d'un voyage à travers des pays lointains. Ce qui motive chacun de mes coups de pédale, c'est l'espoir d'être émerveillé.

Encore loin de l'émerveillement, j'arrive à Trieste, ville la plus à l'est d'Italie. L'atmosphère est étouffante, l'air irrespirable, le brouhaha routier continu. Je ne songe qu'à une seule chose : être ailleurs, mais avant de fuir, étant en sortie de carte, il me paraît raisonnable de chercher une nouvelle carte. De quel pays ? Je ne sais pas. Outre ma carte d'Italie, je n'ai avec moi qu'un petit atlas d'Europe. Il a la taille d'un livre de poche et se compose de vingt-quatre pages. Sur cet atlas, il n'y a en Italie que six villes, et encore moins dans les pays voisins. C'est un peu juste pour s'orienter avec précision. Toutefois, presque quotidiennement, je consulte attentivement deux cartes de ce petit atlas : celle des *Reliefs de l'Europe physique* et celle des *Densités de population*. Ces cartes sont si petites qu'à leur échelle, je n'avance que deux ou trois millimètres par jour, mais elles me donnent de précieuses indications et me permettent d'éviter avec plus ou moins d'habileté les reliefs trop exigeants et les centres urbains trop peuplés.

De Trieste, pour atteindre le pays de Diogène, je peux me diriger vers les montagnes de l'Autriche, puis vers la Hongrie, ses plaines et son lac Balaton ou bien vers la Croatie, ses îles et ses collines. Je finis par trouver dans les fins fonds d'un supermarché une vieille carte *Slovenija Croatia 1 : 300 000*. J'hésite à l'acheter. Le dépliement de la carte est en lui-même un voyage : toutes ces îles sans grandes villes paraissent si belles, si vallonnées, si sauvages… Je passe en caisse. C'est décidé : je vais en Croatie !

J'essaie de quitter la dernière ville d'Italie, mais échoue lamentablement à maintes reprises, finissant systématiquement coincé entre la zone industrielle portuaire et l'autoroute, au fond d'une impasse faisant office de décharge. Je tourne en rond. Dans un coin perdu du port, un homme assis à côté de son petit abri fait de bric et de broc me remarque : *"Hey man, where do you come from?"*

Salvador m'offre un verre de vin. Le verre est énorme. Ingurgiter une telle quantité d'alcool ne m'enthousiasme pas, mais attise quelque peu la composante physiologique de ma curiosité. Je n'ose pas refuser. Suivant son exemple, je bois tout d'un trait. Il insiste pour remplir à nouveau mon verre. Cette fois, je ne compte pas me faire piéger et reste vigilant. Buvant le plus lentement possible (afin qu'il ne me resserve pas), je l'écoute m'expliquer que lui aussi voudrait voyager à pied ou à vélo, qu'il était justement en train d'y songer et que ma présence est probablement un signe du destin. Il me pose plein de questions sur mon voyage. D'un anglais peu assuré, je lui réponds comme je peux. De son côté, il fait ce qu'il peut pour me comprendre. Puis il me parle du Portugal, son pays d'enfance. Il a presque la larme à l'œil lorsqu'il évoque les plages désertes de sable fin, le souffle de l'Atlantique et les barbecues qu'il faisait avec ses grands frères. Ce serait tellement beau d'y retourner ; qui plus est, à vélo. "*I will go!*" On se le promet l'un à l'autre : nous poserons nos roues au Portugal. Ce coup-ci, je pars dans l'autre sens, mais un de ces quatre matins, j'irai.

C'est grâce aux minutieuses indications de ce clochard rêveur et *un peu* ivre que je parviens à quitter Trieste. Très vite, l'atmosphère se désurbanise et mes poumons se remplissent d'un parfum de liberté. Adieu plaine du Pô, adieu monde industriel !

Sous les dernières lueurs du crépuscule, je pédale sur une petite route qui borde la mer. Pas de voitures, pas de béton, aucune cheminée cracheuse de fumée ; seulement le petit bruit des vagues, la douceur d'un soir d'été. Je quitte l'Italie. J'entre en Slovénie. Un nouveau voyage commence.

6. Les chiens sauvages

Sous une chaleur étouffante, ma route serpente à travers des forêts assoiffées qui diffusent leurs parfums dans l'air sec et figé. Les paysages sont doux et vallonnés. Je retrouve l'odeur des vacances, le calme et la poésie de l'été.

Pas un village. Aucune silhouette humaine à l'horizon. De-ci de-là, je passe devant quelques habitations vides et isolées. Aimanté par le pays de Diogène, je me dirige sans détour vers la toute proche Croatie. Plus j'avance, plus je sens monter en moi le regret de délaisser la Slovénie… et de ne pas saisir l'occasion de rencontrer un ours sauvage. Pas grave, la Chine est à l'est : je me rattraperai avec les pandas.

Les collines s'enchaînent. Je traverse enfin un village. Un petit commerce est ouvert. Ni une ni deux, je pars à la rencontre du peuple slovène. Je suis accueilli par une jeune femme qui, me voyant lorgner sur les bananes, insiste pour m'offrir le fond du cageot.

Au bout de trente kilomètres, mon expérience slovène touche déjà à sa fin ; et c'est sur une petite route descendante et à moitié abandonnée que je passe devant le panneau *"Hrvatska 1 km"*. Mon rythme cardiaque s'accélère. Je m'apprête à sortir de l'espace Schengen. Carrément ! C'est une grande première. J'appréhende ce pas vers l'inconnu. D'un coup, je me sens si loin ! Les Croates vont-ils m'accepter ? Auront-ils la gentillesse de me laisser entrer ? Je redoute le pire : iront-ils jusqu'à scier le cadre de mon vélo pour vérifier que je n'y ai pas dissimulé de cannabis, d'héroïne ou d'amphétamines ?

J'approche du poste de douane slovène. Un vieil homme est assis, l'air assoupi. À travers la grande vitre qui nous sépare, je le regarde, il me regarde. Il n'y a pas de barrière ; ça descend tout seul. J'hésite à donner un coup de frein. Il semble ne rien attendre de moi. L'idée de quitter si facilement l'Union européenne m'enchante, mais lorsqu'il comprend que je n'ai pas l'intention de m'arrêter, il saute de sa chaise et crie de toutes ses forces. Obéissant, je rembobine mon pédalier. Dégoulinant de sueur, il ne dit pas un mot, scanne mon passeport et me laisse filer. Plus sympathique, le douanier croate se contente d'un hochement de tête.

Plutôt que de longer le littoral dentelé de la péninsule d'Istrie, je préfère couper en diagonale par l'intérieur des terres pour, premièrement, être moins dérangé par les touristes, et, deuxièmement, arriver le plus rapidement possible à Brestova. Ma carte *Slovenija Croatia* m'indique que, de Brestova, je pourrai prendre un ferry qui, en une demi-heure, me conduira sur la grande île de Cres.

Peu après la frontière, un chien sauvage traverse la route. Il cesse sa course, m'observe d'un air interrogateur. Mon cœur bondit. Que va-t-il faire ? Subitement, tout me revient en tête : je me souviens de mes lectures sur Internet durant les longues soirées d'hiver. Je songeais vaguement à explorer les Balkans et cherchais des témoignages. Sur son blog, Greg avertissait : « Attention aux chiens sauvages, ils courent après les vélos et peuvent mordre. » Il terminait son article par un terrifiant : « En Croatie, un molosse m'a chopé le mollet ! » C'est à partir de ce moment, me semble-t-il, que j'ai commencé à redouter *les chiens sauvages des Balkans*. Me voici pour la première fois face à l'un d'eux. C'est un beau spécimen : il est immense, a des yeux de vampire, une mâchoire de crocodile et des crocs de tigre. Je sais qu'en cas de morsure, je devrai impérativement laver la plaie, la désinfecter, avaler trois grammes d'amoxicilline, surveiller l'apparition d'éventuels signes d'allergie, puis trouver le plus rapidement possible un centre contre la rage pour me faire vacciner à « J0, J7 et J28 ». Mon timing ne m'autorise pas un tel contretemps. J'ai trop peu d'argent, trop peu de semaines de liberté pour me payer le luxe de rester cloué un mois au même endroit. Si je ne faiblis pas, je peux espérer atteindre le Monténégro, l'Albanie, la Grèce, la Turquie, la Bulgarie, la Roumanie, la Serbie, la Hongrie… Une morsure briserait la dynamique de mon aventure, anéantirait ma moyenne kilométrique journalière et effacerait des pays entiers de mon périple. Qu'un chien errant mette fin à mon petit rêve serait absurde et surtout dramatique, car plus tard, je n'aurai peut-être jamais plus ni l'occasion ni la motivation de me lancer à nouveau dans un tel voyage.

Je ralentis. Le chien est à cinq mètres de moi. Je n'ose plus avancer. Que va-t-il faire ? Montrer les crocs, aboyer, me sauter dessus ? Quelle attitude dois-je adopter ? Forcer le passage, crier, lui jeter mon casque à la figure, faire comme si de rien n'était, siffloter ? Lassé par mon indécision, l'animal détourne la tête et poursuit son chemin. Pour cette fois, je suis sauvé, mais je vis désormais avec la hantise des chiens sauvages.

L'ocre des collines contraste joliment avec la pâleur bleutée du ciel. Le tableau me charme, mais, pour mon petit corps fragile, le relief est indigeste. Sur les pentes escarpées qui ne cessent de s'enchaîner, mes cuisses deviennent de plus en plus lourdes. J'avance péniblement. Et la chaleur n'arrange rien… Toute l'eau de mon corps s'écoule par les pores de ma peau. Je vide mes bouteilles et me retrouve complètement à sec.

De Koper à Brestova, il y a bien quelques petits points sur ma carte, mais je doute que ce soient des villages. Après avoir pédalé des dizaines de kilomètres sans croiser la moindre trace de vie, sans entendre le moindre clapotis, un panneau *"Market 3 km"* me redonne espoir… J'arrive dans un hameau. Je me demande s'il est habité. Parmi une dizaine de maisons, je cherche longuement le commerce providentiel. Je finis par remarquer un petit écriteau au-dessus d'une porte : c'est le market. Il n'est ouvert que le mardi et le jeudi de onze heures à quatorze heures. Dépité, je m'assois dans la rue en espérant qu'un être humain passe. Un serpent, deux poules traversent la vieille route défoncée…

Si mon réchaud fonctionnait encore, si j'avais eu l'intelligence d'emporter des pastilles désinfectantes, j'aurais pu me lancer dans une opération de potabilisation d'eau, et la moindre flaque aurait fait l'affaire. Démuni, la prudence m'impose de trouver de l'eau embouteillée, mais où trouver de l'eau embouteillée dans ce désert ?

Je me prends pour un aventurier, mais dès que je m'éloigne de la civilisation, je ne suis même plus capable de me nourrir, de m'hydrater, de me laver. Drôle d'aventurier ! Je ne suis même pas fichu d'allumer un feu avec deux bouts de silex. Je ne suis d'ailleurs pas certain de savoir identifier un bout de silex. Moi, aventurier ? Sur les mille dernières générations, j'appartiens certainement à celle qui vit le plus confortablement. Et simplement parce que je pars quelques jours à vélo, je serais un aventurier ? La bonne blague ! La vérité, c'est que je ne suis pas capable de vivre une semaine sans ma carte bancaire. Je roule sur un sol lisse et artificiel. J'ai un téléphone portable, une assurance rapatriement... Comparé à un chasseur de mammouths ou à un mineur de Montsou, je ne cours à peu près aucun risque.

En somme, je suis un enfant qui préfère jouer à l'aventurier plutôt que de faire ses devoirs. Plus je pédale, plus j'admire les « personnes ordinaires » qui contribuent, par leur humble travail, à rendre le monde plus juste. En voyageant à vélo, j'ai parfois le douloureux sentiment de ne servir à rien et à personne. Cependant, être inutile n'est peut-être pas si grave... L'essentiel n'est-il pas de s'allonger, chaque soir, sous un ciel couvert d'étoiles ? Je mouline quotidiennement ces questions. Voyager me fait perdre le goût des réponses définitives.

Aussi espérée qu'une oasis dans le désert, je finis par trouver une petite auberge sur la route de Brestova. J'entre. Il n'y a personne. Tous les volets sont fermés. Une télé diffuse des clips de rap. J'attends sagement dans une grande salle. Au bout de quelques minutes, je me décide à pousser une porte et découvre trois êtres humains. Avec un peu de réticence, la serveuse accepte mes euros contre une bouteille d'eau. Elle n'hésite pas à me prendre un billet, mais je ne rechigne pas… Je suis tellement desséché que j'aurais pu donner cent euros pour un verre d'eau… Histoire de profiter de la climatisation, je regarde une partie de billard entre deux Croates taciturnes. D'où viennent-ils ? Il n'y aucune voiture dehors, et, en cinquante kilomètres, je n'ai pas croisé plus de trois maisons. Mystérieux pays.

7. Le bruit des vagues

Alors qu'un petit vent marin commence à souffler, j'entends des bruits étranges et envoûtants. Je m'en approche et aperçois, sur un rocher surplombant ma petite route, un homme barbu qui se vide les poumons dans un long bout de bois creux. Il me fait de grands signes. Je lui réponds par un hochement de tête. Hésitant, je me demande s'il faut que je m'arrête. Il saute de son rocher et m'offre une figue en me présentant son *didgeridoo*. À la manière d'un arc, il attache l'instrument sur son dos et se met à courir devant moi en m'invitant à le suivre. Il m'inspire confiance. Quittant la route pour un chemin de cailloux, je pousse mon vélo et suis si malhabile que je perds l'équilibre à deux reprises. Lui, plein de gaieté, continue à courir loin devant. Puis nous arrivons au sommet de la colline. L'azur de la mer s'étend à perte de vue. Il pointe du doigt une sublime crique au creux de laquelle un voilier est amarré, avant de me lancer d'un air rêveur : *"It's mine!"*

Le sentier devient raide et étroit. Je dois continuer à pied. Je cache mon vélo derrière un petit fourré. À l'aide de mes deux gros antivols, je l'accroche à une racine (faute de mieux). M'éloigner de mon vélo est une rude épreuve. Si on me le volait, mon rêve s'écroulerait – que deviendrais-je ?

Je prends deux grosses sacoches dans chaque main, et accroche en bandoulière le sac à gravats qui contient mon sac de couchage et ma tente. Dam me dit que je peux tout laisser ici, qu'il y a des voleurs en Albanie, mais pas en Croatie. N'ai-je pas confiance ? Avec de grands gestes incompréhensibles, j'essaie de lui expliquer que ce matériel, c'est toute ma vie. En sandales avec mon barda, ma descente entre ronces et rochers est laborieuse. J'ai la vague impression de manquer d'allure, mais Dam, très courtois, ne me le fait pas remarquer.

En ces instants où la mer s'offre à moi, je songe bêtement à mon compteur kilométrique. Il ne tourne plus. Ma moyenne journalière baisse. Je me trouve idiot de me préoccuper d'un tel détail face à un décor aussi majestueux. Il faudrait vraiment que j'apprenne à apprécier la beauté du monde, que je me retire de la tête cet irrépressible désir de performance. La Nature est calme, resplendissante, le ciel parfaitement bleu, sublime ; et moi, je ne pense à rien d'autre qu'aux chiffres d'un petit cadran gris !

Sur la plage, face au voilier, est posée une petite tente décorée de fleurs et de coquillages ; devant laquelle, Floria fait la lecture à la petite Milijan. Dans un crépuscule naissant, face aux vagues mordorées, Dam allume un feu, puis sort fièrement une bourriche pleine de poissons. Je crois deviner que ce qu'il crie en croate a une signification proche d'un « Ce soir, c'est poisson grillé à volonté ! »

Floria parle français – un petit peu. Elle joue la traductrice et hésite longuement avant de prononcer certains mots. Farouche, Milijan s'est réfugiée dans la tente. Elle nous écoute. Dès que je prononce un mot français, elle sort la tête de la petite abside et le répète à voix haute en riant... Attirée par l'odeur du poisson grillé, elle finit par se joindre à nous.

Je suis un peu comme Milijan : je répète les mots croates, je les trouve étranges et m'en amuse. Je comprends rapidement que ma prononciation est extraordinairement mauvaise, ce qui fait rire Milijan et sourire ses parents. Puis ils me racontent leur vie. Je n'y comprends absolument rien, ce qui ne m'empêche pas d'acquiescer à intervalles réguliers. Vivent-ils sur leur bateau ? Partent-ils au bout du monde ? Pendant que mes paupières s'alourdissent, j'écoute ces sonorités exotiques se mêler aux vagues. La nuit tombe doucement. Mon regard se perd dans la voûte céleste... Je ne soupçonnais pas que le ciel soit si riche en étoiles... Dam se lève. Je sursaute. Il saisit un grand bâton, et, à la manière d'un professeur d'astronomie, nous montre les constellations. Elles ont de si jolis noms en Croatie...

Charmé par le crépitement du feu, bercé par le chant des vagues, mes paupières finissent par se fermer toutes seules. C'est la première fois que je m'endors en paix avec les étoiles. Altitude : zéro. J'espère que ce n'est que le commencement de l'ascension de mes rêves et qu'un jour, je dormirai à la belle étoile sur les sommets que j'aime, puis sur les merveilleuses cimes que je découvrirai...

*

Une nouvelle journée ensoleillée débute. Après m'avoir aidé à descendre mon vélo jusqu'à la plage, Dam insiste pour m'emmener jusqu'à la pointe septentrionale de l'île de Cres.

Sur le coup, je n'hésite pas. Il serait vraiment impoli de refuser un tel cadeau, mais sur le bateau, je sens comme un petit regret qui me tiraille le cœur. Jusqu'à cette crique, j'ai accompli tout mon voyage à la force de mes mollets. Sur les prochains kilomètres, le bateau fera le travail à ma place… Le soir, je ne pourrai désormais plus regarder ma carte d'Europe en me disant : « J'ai traversé tout ça à vélo, et rien qu'à vélo ! »

Peu avant que l'ancre soit levée, je songe à sauter du voilier, mais, par respect pour mes hôtes (et aussi peut-être par paresse), je me retiens. Avec un peu plus de panache, j'aurais pu construire un radeau, installer mon vélo dessus et nager jusqu'à Cres en poussant le radeau. Je n'aurais ainsi pas trahi mon code de déontologie *by fair means*. Je relativise : si l'infraction est bel et bien caractérisée, elle reste mineure puisqu'un voilier n'a pas de moteur. Tant pis pour mon ego, je me résous à n'être qu'un petit joueur.

À peine sortis de la crique, de jolies petites collines vertes percent le drap d'azur. Et, peu à peu, se dessine l'île de Cres.

Dam, Floria et Milijan ont l'air de si bien se sentir en mer que j'ai du mal à les imaginer vivre sur la terre ferme. Peut-être que ce voilier est leur unique maison. Après tout, à quoi bon s'encombrer d'une autre demeure ? À trop vouloir posséder, ne finit-on pas par se faire posséder ?

Je suis triste de me séparer d'eux si vite, mais voyager, c'est apprendre la séparation ; c'est apprendre à accepter de ne pas se revoir ; c'est apprendre à dire adieu. Il est peut-être préférable de ne s'attacher à rien, car dans la vie, tout est éphémère ; et au bout du compte, nous finissons toujours par porter le deuil de nos attaches. Pour vivre libre, il faut savoir se détacher. Toutefois, je commence à me demander si la liberté est vraiment ce que je recherche par-dessus tout.

8. Ma petite île

Le port de Cres est désert. Il y a un quai, une route – une seule –, des arbres. Rien de plus. Aucun bâtiment, pas la moindre trace de vie. La route s'élève. L'horizon s'élargit, et apparaissent au loin de nouvelles îles révélant l'archipel. De si beaux moments sont si rares et si précieux qu'il faut impérativement que j'en profite. Subitement, rien n'est plus urgent que la contemplation. Je me cale à l'ombre d'un olivier et me concentre sur le paysage. Je m'efforce d'être à la hauteur du lieu, de sa somptuosité, puis finis par m'assoupir.

En ouvrant les paupières, je me retrouve nez à nez avec un serpent. Mon sang se glace. Je mime un sursaut. Il file. Derrière moi, j'entends un gros bruit. Je me retourne : un cochon sauvage ! Il a le groin dans une de mes sacoches, attrape mes bananes slovènes et déguerpit. Le cochon a trifouillé dans mes affaires. C'est le désordre, et je n'ai plus grand-chose à manger. L'absence de civilisation commence à m'inquiéter. Je m'imagine à l'agonie, mourant de faim, devenir charogne. Je visualise des vautours me tournant autour, puis faire festin de mes intestins. Y a-t-il des vautours en Croatie ?

C'est toutefois sain et sauf que je parviens à rallier Cres, village qui semble concentrer, à lui seul, toute l'activité anthropique de l'île. Cinq minutes avant la fermeture, j'entre dans une charmante échoppe et me dépêche de faire le plein de provisions. Le vieux couple tenant la boutique me regarde avec de grands yeux. Avec mon accoutrement de cycliste, mon cuissard et mon casque, j'ai comme l'impression de ressembler à un martien... J'achète des kilos de pâtes, de pain, de bananes... Les deux vendeurs s'interrogent : m'occuperais-je d'une colonie de vacances ? Dans cette tenue, tout de même... Pour dissiper mon embarras, ils me sourient et m'offrent de la sauce tomate.

Sur les quais du port de plaisance, des dizaines de touristes (principalement allemands) mangent des moules-frites. Je me fais héler par un marin qui m'invite à boire un coup à bord d'un beau navire en bois. C'est le capitaine. Son moussaillon est avec lui. Ils m'offrent un verre de vin rouge. Chaque jour, ils emmènent des touristes jusqu'à de petites criques paradisiaques. Ils me servent un autre verre et me demandent si je suis intéressé par une excursion. Vu le contraste entre mon allure et le standing de leur navire, ils comprennent que je n'ai pas les moyens de me payer une croisière, si bien qu'ils m'invitent à me joindre à un groupe, gratuitement. Obéissant à mes réflexes idiots d'avaleur de bitume, je réponds qu'il ne faut pas que je me laisse aller et que j'ai de la route à faire.

Lassé par la monotonie de la météo, je leur demande si le ciel est aussi beau tous les jours. Ils me répondent : *"Yes!"* Leur anglais est si impeccable que je me sens ridicule avec mes balbutiements. Ils aiment leur travail, et j'essaie de focaliser la conversation sur eux, mais il n'y a rien à faire : ils s'intéressent à mon voyage, me servent un autre verre, me posent plein de questions et écoutent mes réponses avec une attention déconcertante ; ce qui m'oblige à travailler mon anglais en élaborant des phrases plus ou moins laborieuses… L'alcool complique l'exercice. Je ne m'en sors pas et les quitte en zigzaguant.

*

Réveillé par la chaleur, j'ouvre ma tente. La plage est déserte. Il n'y a que moi et la mer. Je me sens si bien sur ma petite île… Tout en fixant l'horizon, imperceptible ligne départageant le bleu du ciel du bleu de la mer, je déguste mes céréales noyées dans ma casserole de lait. L'air que je respire, le ciel que je regarde sont éternels ; le reste n'importe guère.

Sur cette île, aucun trouble ne vient effleurer mon esprit ; je n'ai qu'à ouvrir les paupières pour trouver l'équilibre parfait. Tout effort devient inutile : une fois mon petit-déjeuner terminé, je n'ai aucune raison vraiment valable de me remettre en mouvement. Mais je repars pédaler, insatiable, et me refuse ce repos que je désire pourtant…

Voulant être nomade et sédentaire à la fois, je me sens tiraillé : si, d'un côté, je rêve de mener une vie contemplative et réfléchie ; de l'autre, je sais qu'à plus faible allure, l'ennui, obscur ennemi que je fuis, referait surface et qu'en sa compagnie, je n'aurais plus le sentiment si exaltant d'aller au bout de moi-même…

Au fil des jours, je commence à ressentir un manque. J'ai comme l'impression de devenir inutile. Étonnamment, je souffre de ne plus travailler ; et il me semble que pour atténuer cette frustration, je transforme plus ou moins consciemment le pédalage en travail, en un travail artisanal, mécanique, en un travail que j'aime et que je prends au sérieux. Par l'effort, je ressens mon existence, je lui donne du relief, je la valorise. Le soir, sur mon petit carnet, j'inscris mon kilométrage, calcule ma moyenne journalière. J'extrapole ensuite cette moyenne pour ajuster ma prévision kilométrique mensuelle, puis compare cette prévision à mon objectif. Une fois transcrit le bilan de la journée, quel bonheur de m'endormir en quelques secondes, vidé de toute énergie, avec le sentiment d'avoir fait du beau boulot !

Je suis très excité par l'idée d'enfin savoir jusqu'où je pourrai aller : trois mille, trois mille cinq cents, quatre mille, cinq mille kilomètres par mois ? Bref, j'ai besoin de tester mes limites. L'Europe est un vaste terrain de jeu que je me dois de parcourir à vive allure. Comme une particule chargée d'énergie, je n'ai pas d'autre choix que d'être en mouvement…

Il est peut-être nécessaire de longuement cheminer avant d'atteindre la sagesse. Plus tard, avec le poids des années, je serai sans doute freiné dans ma course et pourrai enfin entrer en orbite autour d'une étoile, dont je ne connais pas encore le nom. Ce sera le bel âge de la contemplation. Peut-être alors serai-je comme Diogène : inexorablement heureux à la simple idée de tourner autour du soleil et d'être éclairé par sa lumière ?

*

Pour les alpinistes, conquérir un sommet *by fair means* (littéralement : de manière équitable), c'est le conquérir par ses propres moyens, sans assistance motorisée, sans consommer de pétrole, d'électricité, sans exploiter la Nature. À mes oreilles, voyager *by fair means*, c'est partir de chez soi à pied ou à vélo, avancer lentement, avancer à la force de ses muscles, avancer à la force de ses rêves, prêter attention aux petits détails qui composent le monde ; vivre en harmonie avec la Nature, avoir le souci de la respecter ; puis arriver dans un lieu rêvé en ayant le sentiment de l'avoir mérité.

Depuis plusieurs années, je me bats à coups de pédale contre vents et averses pour cette cause. Me voici pourtant sous les cheminées d'un ferry, accoudé au bastingage, à regarder au loin des dizaines de petites îles disparaître dans les couleurs du couchant. Ma défaite est lourde à porter : qui suis-je donc devenu pour abandonner avec aussi peu de scrupules mes principes ? Avec un peu plus de panache, j'aurais pu quitter l'île de Cres proprement, chercher un gentil skipper pour me mener au continent en voilier. Tant pis, je ne suis qu'un type ordinaire qui préfère être paisiblement mené en bateau plutôt que de s'épuiser à ramer pour ses idéaux. Mais après tout, le couchant est tellement beau qu'il serait ridicule de laisser des remords me ronger le cœur...

Allongé sur le pont, seul sous les étoiles, je me demande s'il est si raisonnable de quitter le paradis pour rejoindre le continent.

9. Un parfum doux comme un secret

Offrant de beaux panoramas sur la mer Adriatique et sur de nombreuses îles, ma nouvelle route, la D8, longe le littoral de la grande ville de Zadar à la frontière albanaise. La circulation automobile y est relativement faible. La côte croate est encore très bien préservée ; la roche et la végétation y règnent paisiblement.

D'ici quelques décennies, ce littoral sera sans doute recouvert de béton. Après avoir enlaidi une grande partie de la Côte d'Azur, des bords de mer italiens et espagnols, les spéculateurs immobiliers chercheront de nouveaux territoires à souiller. Tôt ou tard, la Croatie deviendra une de leurs proies. Pauvre littoral, si beau et si fragile ! Je n'arrive pas à m'en détacher et décide de le longer au moins jusqu'à la Bosnie-Herzégovine.

C'est sous le cagnard que je rattrape un jeune gaillard planté dans un raidard. Coiffé d'un chapeau de paille, il pousse un vélo de grand-mère chargé de deux sacoches datant d'un siècle lointain. Tout étonné de croiser un voyageur à vélo, il se dépêche de me lancer avec un accent qui m'est familier :

– *Hey! Where do you come from?*

– De France. Toi aussi ?

Essoufflé, je lui explique que, de peur de ne pas réussir à me relancer, je ne veux pas m'arrêter en pleine pente. Il me crie : « Rattrape les autres ! Dis-leur que j'ai envie de me baigner. »

Les autres, ce sont deux jeunes étudiants français (dont l'un est « en révision ») et leur compagnon de fortune : Jens, un Allemand lancé dans un audacieux « tour du monde », parlant par ailleurs admirablement bien français. C'est en compagnie de cette petite bande que débute ma courte initiation au *vélo-plage* : une heure de pédalage, une heure de baignade, une heure de pédalage, une heure de baignade, une heure de pédalage, deux heures de baignade… et pour clore la journée : tout faire pour trouver une télé dans un camping paumé, l'installer dans le coffre d'une vieille Renault 5, la brancher à la batterie ; puis regarder France-Mexique autour d'une casserole de riz. Ce match de la coupe du monde de football amuse beaucoup un Croate assis à nos côtés, une bière à la main. 2-0 pour le Mexique. Mes camarades sont dépités, mais Jens reste philosophe : « Les Allemands ont gagné leur dernier match 4-0. »

Nous installons le campement. Les trois Français dorment serrés comme des sardines dans une tente de mômes (dont l'aération est plus que douteuse). Durant la nuit, incommodés par des odeurs trop prégnantes pour se faire oublier, je les entends exprimer leur inconfort : « Ah, tu pues des pieds ! Vous êtes sûrs que vous ne voulez pas qu'on ouvre ? » C'est leur avant-dernier jour de vacances. À Dubrovnik, ils reprendront l'avion pour la France. Ils n'ont pas l'air triste de terminer ce voyage. Je n'aimerais pas être à leur place et prends conscience que, malgré mes humeurs parfois plaintives, je ne voudrais interrompre mon périple pour rien au monde.

*

Alors que les Français sont à moitié réveillés et qu'ils semblent se rendormir, je pars pédaler avec Jens. Du haut de son mètre quatre-vingt-dix, Jens voit les choses en grand. Petit bijou de technologie, son vélo a de quoi impressionner : GPS, moyeu à vitesses intégrées, pneus Marathon… À l'arrière de sa monture flotte un grand drapeau *Bike Emperor*. Jens s'arrête régulièrement pour prendre des photographies des îles bordant le littoral. Chaque prise de vue nous immobilise une bonne dizaine de minutes, car son appareil est hautement sophistiqué : soigneusement posé sur un trépied, il prend plusieurs clichés d'une même vue, puis combine ces clichés pour faire ressortir les reliefs. Pendant que ces reproductions numériques se créent, nous avons le temps de discuter…

Jens me parle de la magie de Sarajevo et des cascades de Bosnie. Il me demande par où je compte passer, si j'ai peur de l'Albanie. Jens est parti de Lisbonne il y a quatre mois, et trouve que j'avance très vite, si vite qu'il en vient à douter de mon équilibre psychologique. Préférant la folie au conformisme, ses sous-entendus ne me dérangent pas. Normalement, si tout se passe comme Jens l'entend, il devrait réussir à voyager deux ans autour du monde. Pour cela, il ne faut pas qu'il dépense plus de vingt euros par jour, ce qui n'est pas facile pour ce bon vivant. Il compte s'arrêter à Dubrovnik deux ou trois jours pour « profiter de la ville » et « actualiser Bike Emperor », son site Internet. Puis il souhaite laisser son vélo en Croatie et prendre l'avion pour s'offrir « une petite trêve » : un week-end en Sicile. Ses idées me semblent si farfelues que je commence à douter de son équilibre psychologique.

Je ne désire pas réintégrer la société, pas même pour visiter *la Perle de l'Adriatique*. J'ai le sentiment que ma liberté n'existe qu'au travers de ma solitude. Peut-être que cela changera, mais, pour le moment, je ne souhaite me lier à rien et à personne, et ne veux me consacrer qu'à cet amour de l'horizon, qui m'emporte dans une course infinie et toujours nouvelle.

*

Les panneaux routiers sont, pour la plupart, troués par balles et indiquent, de temps à autre, la présence de mines antipersonnel. Je peine à imaginer le poids des guerres et des souffrances dont sont chargés les paysages que je traverse. Je cherche de la beauté là où d'autres ont vécu des atrocités. Je ne sais pas vraiment ce que contient le regard des gens. Mon ignorance me met mal à l'aise. J'ai comme le sentiment d'être irrespectueux, de profaner des mémoires, de n'être qu'un touriste sans pudeur.

Comme des cicatrices du passé, les frontières sont nombreuses, les territoires morcelés. Je m'apprête à traverser une fine branche de Bosnie-Herzégovine qui coupe la Croatie en deux et qui permet aux Bosniaques de ne pas être enclavés, d'avoir accès, sans sortir de leur pays, à quelques kilomètres de plage.

Lorsque je passe la frontière, deux douaniers m'arrêtent, font le tour de mon vélo. Mon chargement les intrigue. Un gros sac à gravats vacille sur mon porte-bagages arrière ; deux grosses sacoches sont situées de part et d'autre de chaque roue ; chacune de ces sacoches est solidement fixée au cadre par un tendeur ; d'usage double, chacun de ces tendeurs est utilisé pour serrer une ribambelle d'objets contre la surface extérieure des sacoches : des bouteilles, des bananes, des paquets de biscuits, du pain, des vêtements, des antivols... Tout ce fatras déconcerte les deux douaniers. Je les sens perplexes. Serais-je un passeur de drogue ? Vont-ils me demander de tout vider ? L'un d'eux remarque un petit sachet noir fixé sous les rails de ma selle. Il le décroche, le palpe, l'ouvre prudemment, puis y plonge le nez. Ce dernier examen achève de convaincre les deux douaniers puisque, après m'avoir rendu mon sac de chaussettes sales, ils me laissent immédiatement filer.

10. Les cerises de Bosnie

Désireux d'explorer la Bosnie, je m'enfonce timidement dans l'intérieur des terres et découvre un paysage féerique : au creux de la verte douceur des collines, des ruisseaux s'entremêlent et relient des lacs d'un bleu impeccable. Dans les Alpes, les reliefs sont hauts, déchirés, faits de falaises, de roches, d'éboulis… Il s'en dégage une impression de puissance, de grandeur sublime, souvent hostile à la vie. Dans les Balkans, je découvre des montagnes tendrement proportionnées, des collines à caresser, où l'eau abonde, où la végétation est luxuriante, où l'harmonie est parfaite.

Sur les hauteurs, je rencontre deux Bosniaques contemplant ce vaste décor. Heureux, ils sont assis à l'ombre d'un bel arbre ; ça leur suffit. Ils agrandissent le panorama en me parlant d'un lieu, peut-être d'un village lointain au fond d'un vallon, puis m'offrent de délicieuses petites cerises, dont jamais plus je ne retrouverai la saveur azurée… Certaines joies sont si éphémères qu'elles en deviennent joliment tristes.

Lorsque je suis face à un beau paysage, je me sens mélancolique, car je sais que je l'oublierai. Je voudrais pouvoir m'en emparer et le mettre pour toujours dans ma vie, le rendre éternel. C'est pour cela que je prends des photographies, mais au fond de moi, je sais que l'éternité est illusoire et que, quels que soient les artifices utilisés, tôt ou tard, le temps effacera tout ce qui m'est cher. L'oubli emportera chacune de mes émotions et jusqu'au dernier de mes souvenirs. Toutes les images, toutes les pages deviendront poussières. Écrire et photographier sont des actes de résistance dérisoires, mais que faire d'autre ? Se résigner ? Après tout, pourquoi pas ? À force de les traduire par des mots, mes sentiments s'émoussent. Plutôt que de perdre du temps à écrire, je ferais mieux de me laisser porter par la vie.

Après une longue sieste au bord de l'eau, je profite de la douceur vespérale pour me remettre en selle et avancer d'un grand trait. En un souffle, je quitte la Bosnie, traverse mon dernier bout de Croatie et passe la frontière du Monténégro. À tâtons (faute de carte), je me dirige vers le sud. Très vite, c'est l'effervescence. La Nature m'abandonne. Les voitures se multiplient, klaxonnent, me doublent sans faire le moindre écart, font abstraction de ma priorité et du code de la route. Un chien me repère, me court après, se fait renverser par un véhicule et repart en boitant. Alors que mon regard s'attarde sur l'animal, un camion me coupe la route. J'appuie à fond sur les freins, l'évite d'extrême justesse. Un peu plus loin, deux jeunes filles croisent mon regard perdu et éclatent de rire. Les yeux écarquillés, stressé comme une souris de laboratoire, j'ai sans doute l'air de débarquer d'une autre planète. Il se fait tard. Je ne sais pas comment quitter cet environnement urbain. Je me vois mal planter ma tente dans ces quartiers saturés de voitures, de bruits et de chiens errants.

Pour m'extraire de l'agglomération, je me lance sur une route nationale. À la nuit tombée, gilet fluo sur le dos, je pédale de toutes mes forces pour que mes dynamos crachent le plus de lumière possible. Puis je me retrouve coincé entre un flot intarissable de voitures et une falaise surplombant la mer. Dangereusement étroite, la route me paraît interminable. Les véhicules défilent à toute allure, me frôlent. Pas de bande d'arrêt d'urgence. Aucune échappatoire. Comme un funambule, je suis pris au piège entre une broyeuse et le vide. Je croise les doigts pour qu'aucune voiture ne commette l'écart qui me serait fatal. À intervalles réguliers, la glissière de sécurité est défoncée, trouée par des véhicules ayant plongé dans le vide. Au loin, je devine deux policiers qui, à l'aide de lampes torches, font de grands gestes pour ralentir les voitures ; en vain. L'une d'elles vient de rater un virage.

Un orage éclate. Les nuages déversent des torrents sur la route. Mes pneus perdent de l'adhérence. En ruisselant sur mon front, l'eau charrie jusqu'à mes yeux des résidus de crème solaire. J'ai les yeux qui picotent, qui me démangent. Difficile de les garder ouverts. Trop de voitures, impossible de m'arrêter. Mon pilotage devient de plus en plus approximatif. La route descend. Je prends de la vitesse, redoute la glissade fatale. Je suis trempé, frigorifié, à bout de nerfs.

Plus tard, loin de ce tohu-bohu, alors que je me ressaisis en mangeant des loukoums (faute de bananes), un Monténégrin insomniaque m'offre un verre de lait et m'invite à planter ma tente dans son jardin, entre deux vaches. Sain, sauf, exténué et soulagé, je m'endors sans le moindre effort.

*

Depuis quelque temps, je n'ai plus de carte (où en trouver ?), seulement mon petit atlas. J'essaie de maintenir le cap vers la Grèce, mais ne suis pas certain de choisir l'itinéraire le plus sensé. Par la force des choses, ma route n'est pas toute tracée, ce qui me permet, chaque matin, de me lever en me sentant plus libre que jamais.

Sans m'y attendre, j'arrive devant la douane albanaise, où une interminable file de voitures me sape le moral – ça n'avance pas. Trouvant le temps long, les gens finissent par sortir de leur véhicule pour faire quelques pas, discuter, fumer. Un habitué me fait signe de passer devant tout le monde : mon vélo me donne droit aux mêmes priorités que les piétons. Après une analyse méticuleuse de mon passeport, longue d'une petite heure, la barrière se lève. À moi l'Albanie !

11. Les richesses de l'imprévu

Après la frontière, je découvre une campagne parsemée de fermes. Je croise un homme qui, tirant un âne par le licol, me lance un chaleureux *"Hello"* ; puis une fillette qui, à son tour, m'offre un joyeux *"Hello"* ; puis une femme : *"Hello"*. Les Albanais auraient-ils un sens surdéveloppé de la politesse ? Ou bien, à la manière d'un chat qui, vagabondant de toit en toit, commet une maladresse, perd l'équilibre et atterrit au beau milieu d'une oisellerie, serais-je subitement devenu exotique au point de ne plus pouvoir passer inaperçu ? J'éprouve une petite gêne. J'ai le sentiment qu'on me regarde comme un étranger, comme un observateur. Je préférerais rester discret, me faire tout petit, me fondre dans le décor. Cela dit, je ressens tout de suite chez ces gens de la campagne albanaise une grande chaleur, une expressivité débordante, et je suis séduit par cette absence d'indifférence, cette intensité d'existence.

Amené à traverser un fleuve et afin de laisser passer les voitures venant de l'autre rive, je m'arrête devant un long pont en bois à une voie, à proximité duquel est situé un petit village fait de cabanes en terre. Sortant de je ne sais où, une bande d'enfants court joyeusement vers moi en criant :

"Banana, Banana!" Ils arrachent les quelques bananes coincées entre mes tendeurs, puis mon pain, puis mon paquet de chips… Je redoute qu'ils s'emparent de ma tente ou de mon sac de couchage. Je ne peux pas avancer, car les voitures d'en face continuent de défiler sur le pont. La dernière passe. Je file. Les enfants s'obstinent, mais je les distance. À l'autre bout du pont, deux chiens errants m'aperçoivent et me foncent dessus. Survolté par les circonstances, je roule à si vive allure que les deux bestiaux – sans doute soucieux de ne pas se fatiguer pour une proie si décharnée – renoncent rapidement.

En lieu sûr, je m'arrête pour me remettre de mes émotions, faire le bilan des pertes et ranger ma dernière banane au fond d'une sacoche. Je songe alors aux propos de Jens, à sa peur de se faire voler son vélo. L'angoisse monte : si, en à peine dix kilomètres sur les routes albanaises, j'ai perdu quatre bananes, mon pain et mes chips, que me restera-t-il à l'autre bout du pays ?

Faisant la part des choses, je n'éprouve pas vraiment de rancune à l'égard de ces petits voleurs. Même si un de ces enfants me piquait mon vélo, j'espère que je ne lui en voudrais pas. Je me remémore *Le Voleur de bicyclette* de Vittorio De Sica… Derrière la simplicité des apparences se cachent toujours des causes profondes. La vie est injuste. Ces enfants ne méritent pas de souffrir de faim. Je me sens coupable d'être originaire d'une société qui exploite de façon irraisonnée de fragiles ressources, ne les partage pas et qui met ainsi en péril le bien commun, l'avenir, la justice. Pourquoi, moi Français, ai-je le droit à autant de confort ? Et pourquoi, eux Albanais, seraient-ils condamnés à avoir faim ?

Dépossédé de quelques bananes, ce n'est pas moi qui suis la victime de ces enfants, mais, au contraire, petits voleurs guidés par un ventre vide, ce sont bien eux les victimes, les victimes d'une humanité indifférente à laquelle, malheureusement, j'appartiens. Trop souvent, on se trompe de coupables en incriminant ceux qui n'ont rien plutôt que ceux qui s'approprient. En quoi suis-je plus légitimement propriétaire de mes bananes que des enfants qui souffrent de faim ?

Avec mon vélo, je joue à l'explorateur, mais en réalité, je ne suis qu'un touriste. Je visite le monde comme un musée, sans m'y impliquer. Le dénuement de certains se réduit à un simple élément du décor de mon aventure. Je peux me payer des vacances ; eux ne le peuvent pas. Je mange à ma faim, je me promène, je passe des frontières à bicyclette ; eux ne le peuvent pas. Placées dans un tel référentiel, mes crampes et mes frayeurs deviennent dérisoires. Rien n'est plus relatif que le mérite.

Cependant, plutôt que d'obéir à un impératif moral, je prends la décision de tout faire pour aller au bout de mon voyage, et ce choix me confronte aux tristes limites de mon altruisme. Si j'avais été juste et généreux, j'aurais offert mon vélo à ces enfants qui n'ont pas ma chance, mais, bien loin de moi ce courage, plus attaché à mes rêves qu'à l'équité, je ne quitte plus mon vélo des yeux, je m'y agrippe et me résous à le surveiller comme un trésor.

Égaré dans un dédale de petites routes campagnardes, je ne sais plus où aller. Gibier à la ceinture, un homme vient vers moi et tente de m'aider à trouver le bon chemin ; ce qui se révèle compliqué, car j'ai beaucoup de mal à me faire comprendre. Le vocabulaire anglophone de Borian est assez mince. Quant à moi, je ne parle pas un mot d'albanais. Je pointe le doigt en espérant désigner le sud. Je demande : *"Where is Greece? Grèce? Grèchia? Grèké? Grèchan? Athéna? Athénan? Achténa?"*... Borian me fait de gros yeux, me répond : *"Kakavijë?"* Non sans raison, je sens qu'il se fait un peu de souci pour moi. Il me propose gentiment de l'accompagner jusqu'à chez lui.

Il vit dans un îlot de cahutes faites de pneus, de planches en bois, de panneaux en plastique, de morceaux de carrosseries ; petites habitations qui, côte à côte, dessinent un grand cercle au centre duquel des poules, des oies, des dindons et des canards se promènent pendant que, sous le regard de deux enfants qui sucent leur pouce, un vieil homme et un adolescent vident les tripes d'un mouton dans une bassine. Tout autour, ça s'agite : les uns courent chercher des torchons, les autres des couteaux. Mon regard se bloque sur les intestins de l'animal. D'un coup, j'ai la nausée, des vertiges, des bouffées de chaleur... Je me sens pâlir... Tout ce sang ! C'est atroce : je suis, moi aussi, un mangeur de viande. Petite nature, petit Français qui, jusqu'ici, n'a vu la vie qu'à travers des œillères !

Borian me fait un grand signe de la main, me demande de le suivre et m'invite à m'asseoir sur une ancienne banquette de voiture abritée du soleil par un préau de roseaux. Je l'attends. Il revient avec un cageot de tomates, en mange une, m'en tend une et me pose le cageot sur les genoux. Qu'elles sont belles avec leurs grosses joues vermeilles qui ne demandent qu'à être croquées !

Intrigués, trois enfants viennent vers moi. Ils regardent mon vélo, saisissent le guidon, jouent avec les vitesses. Je ne suis pas très rassuré, mais je décide de leur faire confiance et leur explique, avec des gestes incompréhensibles, que s'ils restent dans la cour, je les autorise à utiliser mon vélo. Un grand sourire aux lèvres, Nedin monte dessus, fait le tour de la cour, slalome entre les poules qui, affolées, ne cessent pas de glousser. Pendant ce temps, les deux autres enfants, un peu plus âgés, me demandent d'où je viens. Ils me serrent la main et, pour me mettre à l'aise, me sortent – à moi qui suis plus barbu que jamais – les quelques mots français qu'ils connaissent : « Bonjour madame ! Enchantés ! Bonjour, bonjour madame ! Votre parfum est exquis. » J'aimerais savoir les saluer en albanais avec des mots aussi appropriés. Je leur demande de m'enseigner quelques rudiments d'albanais. Mes deux professeurs excellent. J'apprends vite. La pédagogie est avant tout affaire d'enthousiasme.

Après avoir passé mon vélo à un autre enfant, Nedin souhaite me faire monter sur son cheval, Mendor. La proposition est touchante mais ne m'enchante guère. Je n'ai aucune notion d'équitation et ne voudrais surtout pas qu'une chute mette un terme à mon voyage. Mais comment refuser sans manquer de politesse ? Nedin arrive avec Mendor. *"Let's go!"* C'est la première fois que je m'apprête à monter à cheval. Réfléchissant à la manière de m'y prendre, je remarque qu'il n'a ni selle ni étrier. Soucieux de ne pas m'exposer à des risques inconsidérés, je me contente de le caresser en souriant bêtement ; ce qui fait rire les enfants.

Nedin vient à mon secours pour me montrer comment faire. Il se place à gauche du cheval, d'une main saisit sa crinière, de l'autre prend appui sur l'animal ; puis il se hisse sur le dos de Mendor, dégage une main, passe un pied par-dessus la croupe et s'assoit. La mandibule au ras du sternum, je reste pantois. Bien qu'incapable de réussir un tel exercice, je veux prouver ma combativité et me mets à l'ouvrage. Je ne décolle que de quelques centimètres, puis finis par hausser les épaules comme pour dire : « J'ai fait ce que j'ai pu… » Nedin me demande d'attendre. Une minute plus tard, il revient avec un poney. Non sans difficultés, je réussis à monter sur l'animal. Je savoure mon triomphe, mais, une fois *là-haut*, mon sang se glace : « Pourvu que je réussisse à en descendre indemne ! »

Chevauchant Mendor, Nedin me guide. S'échangeant mon vélo, quelques enfants nous suivent, se chamaillent. Nous nous promenons autour de la bourgade, longeons la rivière, traversons les champs… Le mouvement de l'animal, plein de mollesse, me berce. Je lâche les rênes, ferme à demi les paupières et respire le grand air. Emporté par le souffle de l'aventure, je réalise que je suis en train de voyager à cheval (à poney, c'est tout comme) – à cheval à travers l'Albanie ! Je vois le monde de plus haut. L'horizon me semble plus lointain… Et je m'imagine déjà continuer jusqu'en Mongolie, jusqu'en Himalaya. À petit trot, Nedin accélère. Mon poney suit. Je panique et espère que nous n'irons pas jusqu'au galop.

Le soir venu, certains rentrent dans leur petite cabane ; d'autres s'assoient sur de vieux canapés troués, rembourrés de paille. Je les imite. Cloué sur sa chaise, un vieil homme me regarde fixement, comme pour me demander : « Qui es-tu ? Que fais-tu là ? » On m'offre du mouton grillé. Je partage ce qu'il me reste : une banane, des loukoums, du jus d'orange.

À l'aide de mes cartes, je montre d'où je viens et où je compte aller. Mon petit atlas les intéresse : ils sont sept à faire cercle autour de lui, à montrer du doigt leur pays, Shkodra, Tirana, Gjirokastër, les pays voisins, les pays lointains. Je tente de leur expliquer mon voyage. Je cherche des mots tantôt français tantôt anglais et essaie, en déformant les sonorités, de me faire comprendre. La conversation reste simple, pleine d'incertitudes. On s'aide de gestes. Les propos sont d'abord flous, puis, tout doucement, à force de persévérance, gagnent en netteté. Communiquer devient un jeu plein d'embûches, plein de quiproquos. Je découvre la joie de bricoler un langage, de m'extraire de la banalité des mots, de ces mots utilisés machinalement, érodés par les années. Nous réinventons la parole, lui donnons du relief, l'agrémentons de gestes, d'intonations, de sourires.

Les mots de tous les jours sont comme des boucliers. Démunis de cet outil qu'est une langue commune, nous n'avons plus d'armure, nous devons nous regarder pour de vrai, nous dévoiler, et s'il ne ressort rien de bien intelligible de nos conversations, il en jaillit toutefois quelque chose d'humain, de sensible ; de précieusement sensible.

On me propose de planter ma tente dans le hameau. Je déplace deux tortues, m'installe dans un coin entre les lapins et Mendor. Le vieil homme qui avait l'œil fixé sur moi lève son regard vers le ciel, puis, inspiré par les douces couleurs du couchant, improvise un petit air d'harmonica.

De jeunes enfants veulent m'aider à installer ma tente. Une fois en place, je les autorise à y entrer. À leurs yeux, elle se transforme en palais. Ils jouent un moment à l'intérieur avant d'être appelés par leurs parents. L'un d'eux ne veut pas sortir ; coriace, il s'allonge dedans, fait semblant de dormir. Puis son père l'arrache en pleurs.

Palpitante, la vie des enfants est faite de drames sublimes. Pleins de pureté, leurs yeux sont plus sensibles que les nôtres. Avec les années, à force de nous éblouir, la lumière finit par nous user les rétines, atténue notre acuité ; et c'est ainsi que le merveilleux se transforme en ordinaire.

Devenant un chouia casse-pieds, Nedin, qui me voit mettre mon vélo dans ma tente, insiste pour que je le laisse dehors. Je commence à attacher mes antivols… Il me dit que ce n'est pas la peine : il y a des voleurs en Croatie, mais pas en Albanie. N'ai-je pas confiance ? Je ne sais pas comment lui expliquer sans le vexer. Je me résigne, mais laisse la tente ouverte. Pour surveiller mon vélo, je m'obstine à lutter contre le sommeil. Il suffirait d'une seconde pour briser ma belle épopée…

*

Lorsque j'ouvre les paupières, un gros *bulldog* me regarde d'un air bienveillant. Encore à moitié assoupi, je lui souris, puis prends subitement conscience du danger. Mon cœur bondit. De peur de l'exciter, je ne bouge pas. Je referme les yeux, puis les entrouvre discrètement. L'animal part avec une de mes sandales dans la gueule. Il la mâchouille, puis disparaît derrière une cabane...

12. Rêveries albanaises

Le pied plus léger, je retrouve ma solitude bien-aimée, mais je ressens aussi une petite amertume ; cette petite amertume, désormais si fidèle, des choses que je viens d'abandonner et que je ne retrouverai plus jamais.

Mal inspiré, j'atterris sur une autoroute bordée de monticules de déchets. Sur des kilomètres, la Nature est écrasée par d'impressionnants reliefs de pneus et de plastique – charmes de notre époque. L'autoroute est constituée tantôt de huit voies, tantôt de quatre, tantôt de deux ; parfois d'une seule voie à double sens. Il y a des travaux et des rétrécissements un peu partout. Je pédale tantôt sur de l'asphalte, tantôt sur de la terre. Le pilotage est délicat. De temps à autre, une voiture me fonce dessus, puis, avant de m'atteindre, se rabat.

Des camions me doublent en laissant derrière eux de grands nuages de poussière. Beaucoup me rasent de près. Emporté par leur aspiration, mon vélo vacille. Sur la bande d'arrêt d'urgence circulent des charrettes tirées par des chevaux ou par des ânes. Des jeunes marchent au milieu de la chaussée, me font de grands gestes. De-ci de-là, des charognes de canidés tapissent le goudron. J'ai peur de l'accident.

Je ne roule pas cinq kilomètres sans passer devant deux ou trois stations-service. Il y a aussi un nombre incroyable de laveurs de voitures et de marchands d'enjoliveurs. Toutes ces petites boutiques se font concurrence et tournent au ralenti ; elles témoignent aussi de la manière dont certains se battent pour gagner leur vie.

Dans une station-service, je dégotte une carte des Balkans (je m'apercevrai rapidement que cette carte peu détaillée ne différencie pas les chemins de terre des grandes routes). Le vendeur m'échange quelques euros contre des leks. Plein de malice, il me trompe d'un facteur dix dans la conversion ; ce qui, par la suite, me conduit à retirer dix fois plus d'argent que souhaité dans un distributeur automatique (déniché après des heures de recherche). Malgré moi, je me retrouve avec une somme d'argent qui me permettrait de vivre plusieurs mois en Albanie. Je songe donc vaguement à m'installer dans le coin et pédale en m'imaginant une nouvelle vie…

M'éloignant de Tirana, les villes se raréfient. L'asphalte disparaît. De plus en plus cabossées, les routes se chargent de poésie et s'entourent de collines dont la beauté pastorale me réjouit. Je me retrouve seul – absolument seul – dans de grands paysages aux courbes harmonieuses, et goûte aux voluptés tant espérées de l'aventure lointaine en pleine Nature.

Surgissant de je ne sais où, des molosses me foncent dessus. J'appuie à fond sur les pédales, mais ne les distance pas. L'un mord ma sacoche, l'autre essaie de me barrer la route. Mon cœur s'emballe. Mes cordes vocales saturent. J'imagine le pire. Au bout d'un interminable kilomètre, ils me laissent filer. Je me sens subitement isolé, en territoire hostile. En me rapprochant de la Nature, j'espérais retrouver plus de sérénité – c'est raté !

Passant devant une ferme, je guette l'ennemi canin et entrevois un tigre (qui, faisant par bonheur dos à la route, ne me remarque pas). Je file aussi vite que possible sans prendre le temps d'observer l'animal (il me semble qu'il était attaché). La rencontre me paraît si incongrue que j'en arrive à douter de moi-même. Quoi de plus vraisemblable : un tigre domestique en Albanie ou l'hallucination d'un cycliste pas très frais ? Deviendrais-je fou ?

Bref, aussi bucoliques soient-elles, ces petites routes ne me rassurent pas. La nuit tombe doucement. Je pense aux chiens errants, aux sangliers, aux tigres ; et l'idée de planter ma tente sur ces collines grouillantes d'animaux sauvages me séduit peu. J'en ai marre d'avoir peur. Je suis trop fatigué. J'éprouve le besoin de me sentir en sécurité. Témérité perdue, je fais un détour par un village en espérant y trouver une petite auberge.

La chance me sourit. Je suis le seul client. Je bois un verre avec quelques bonhommes intrigués : « À vélo jusqu'ici ? Quelle idée ! » La chambre est très peu chère : une nuitée équivaut au prix français de quatre baguettes de pain. Aucune distraction pour m'empêcher de refaire le monde. Une table, un lit, la vue sur un village albanais : l'essentiel, rien d'autre. Je pourrais vivre ici quelques mois ; j'en ai la possibilité. Après tout, pourquoi pas ? J'en ai assez de courir partout... Au fond, ce grand voyage n'est peut-être qu'un subterfuge destiné à m'éloigner de ce casse-tête qu'est le bonheur...

Dans ce village, je pourrais commencer une autre existence, au calme, près de la Nature. J'apprendrais à connaître de nouvelles personnes, leur culture, leur langue, un métier. Accoudé au balcon de ma petite chambre, surplombant la rue, relevant les yeux vers les collines verdoyantes, puis vers le ciel, j'imagine cette autre vie. Je l'imagine aussi douce que l'air du soir et me répète : « Après tout, pourquoi pas ? » Débarrassé des publicités, du vacarme des télévisions, des tentations de la consommation, ne serais-je pas plus heureux en Albanie ?

Absorbé par mes songes, je me souviens que, chaque soir, en faisant mes devoirs, j'aimais regarder la Pinéa, cette montagne qui, durant mon enfance, faisait face à la fenêtre de ma chambre. Je ne me suis jamais lassé de ce visage minéral : je l'ai regardé cent fois, mille fois, y ai vu cent tableaux, mille peintures… J'ai vu la Pinéa sous l'azur d'été, sous les pluies de février, sous le soleil couchant, sous les nuits étoilées… Je l'ai vue dans ses robes vertes de printemps, rousses d'automne, blanches d'hiver… Je l'ai vue couronnée de nuages ayant la forme de dauphins, de dragons et de fleurs… Chaque soir, ma montagne avait sa couleur. Chaque soir, la Nature me peignait un nouveau tableau.

Avec mélancolie, je prends conscience que plusieurs années ne m'ont pas suffi à faire le tour du paysage cadré par la fenêtre de cette chambre. Comment ai-je donc pu avoir l'arrogance de me lancer dans un tour d'Europe ?

C'est allongé que l'on rêve le mieux. C'est immobile que l'on voyage le plus loin. Chaque instant est unique. Chaque paysage est infini. Encore faut-il apprendre à ne pas passer à côté de cette opulence ! À moi de me dégager des serres de l'ambition et de savoir rendre mon cerveau disponible aux innombrables émotions qui se cachent derrière chacun des motifs du monde. La lenteur est nécessaire à la découverte des détails. Plutôt que traverser furtivement de vastes espaces sans prendre le temps de m'en imprégner, ne ferais-je pas mieux d'habiter dans un lieu totalement nouveau ?

Entre les murs de ma chambre albanaise, alors que je rêve des beautés de la Nature, les bouquetins du Vercors font irruption… Ce sont eux qui ont raison. Dès que je m'en approche, ne sachant trop pourquoi, je ne peux plus les quitter des yeux ; je suis comme envoûté par leur splendeur métaphysique. Quelle vie impeccable ! Ne passant pas leur temps à courir après des désirs furtifs, rien ne leur manque. Ils se posent simplement sur les crêtes. Calmes et immobiles, « trônant dans l'azur comme des sphinx incompris », ils regardent le paysage et n'interrompent leur contemplation que pour brouter. Puis, tout en mâchant mollement l'herbe glanée, ils reprennent leur posture de statue fixant l'horizon et se replongent dans le cours de leur méditation.

Ils mangent peu, dépensent peu, ne se remplissent le ventre que pour admirer la beauté du monde : le sublime leur suffit.

Au cours de l'évolution, s'assurant ainsi sa perpétuation, chaque espèce a développé sa méthode pour lutter contre la prédation. Millénaire après millénaire, la tortue a perfectionné sa carapace, le lapin son terrier, le loup sa mâchoire, le caméléon son camouflage, l'homme ses outils et ses armes. Le bouquetin, lui, sans se fatiguer, s'est contenté de grimper au-dessus du reste de la faune. Loin de tous les prédateurs, il a appris à monter sur les rochers, puis s'est installé sur les cimes. Par-delà le domaine de la loi du plus fort, il n'a pas eu à développer de réflexe de fuite, de sorte qu'il ne sait qu'être doux et paisible. Rien ne le menace, rien ne l'énerve.

Pour Diogène, « être riche, c'est se suffire à soi-même. » En ce sens, les êtres humains ne seraient-ils pas des bouquetins amoindris ?

Occasionnellement, nous nous battons pour un bel objectif, l'atteignons parfois, puis, vite lassés, nous nous dépêchons de passer à autre chose. Toujours pressés, jamais satisfaits… L'humain est un animal qui s'agite dans tous les sens, qui s'invente des impératifs, qui se fait du souci pour un oui, pour un non… Il s'énerve, s'énerve et en arrive parfois à détruire, hurler, tuer pour des bêtises, toujours plus de bêtises.

Un jour, face à des bouquetins, quelqu'un m'a dit : « Ce qu'ils ont le regard vide, ces bestiaux ! » Oui, dans leur regard, il n'y a pas toutes ces futilités qui nous hantent, nous autres êtres humains. Cependant, je n'appelle pas cela avoir le regard vide, mais au contraire, avoir le regard plein de sagesse. Si tout le monde vivait comme les bouquetins, il n'y aurait jamais eu la moindre guerre, pas de rideau de fer, pas d'arme nucléaire… On serait tous peinards à mâchouiller de l'herbe en contemplant de lointains horizons. Bien plus qu'un simple bestiau, le bouquetin est un animal sacré qui porte en lui une paix perpétuelle.

13. Solstice

Il n'y a que trois ou quatre façons de quitter l'Albanie. J'ai le choix entre aller vers l'est et le sud, et peux traverser soit la frontière macédonienne à Bilisht soit la frontière grecque à Kakavijë. Impatient d'arriver dans le berceau de la sagesse antique, j'hésite à faire le détour par la Macédoine. En allant trop vite, « en sautant un pays », je risque de me priver de belles découvertes. Toutefois, dans mon imaginaire (très lacunaire), la Macédoine n'est qu'une salade, alors que la Grèce a au moins la taille de l'Olympe.

Petit à petit, les nuages s'épaississent, s'assombrissent. Quelques gouttes se font sentir. La pluie s'intensifie. La piste devient boueuse, salissante, glissante. Mes pneus s'embourbent. Je suis trempé. Ma motivation décline. Je ne rêve que de trouver refuge. Alors que j'approche de la saturation nerveuse, comme par miracle, un Albanais qui attend je ne sais trop quoi m'invite à m'abriter sous son parapluie.

Il ne dit pas un mot, mais, à son regard bienveillant, je sens qu'il s'inquiète pour moi : quelle triste misère me pousse donc à pédaler sous cette pluie ? Avec mon air de chien mouillé, il me croit sans doute pauvre vagabond, s'imagine que j'ai tout perdu, que je n'ai ni famille ni maison, que je ne suis qu'un malheureux sans attache n'ayant trouvé pour survivre qu'un vélo, des sacoches et un vieux sac à gravats.

La gentillesse de mon hôte m'apaise. La pluie cesse. Serein, je reprends ma route. À quoi bon s'énerver ? Le ciel est gris ; je l'aime ainsi.

Durant ces heures où le soleil finit tranquillement sa première journée d'été, le vent éloigne les nuages et libère le ciel, qui se colore de rose et d'orange.

Traversant des champs de blé, je remonte une large vallée bordée de jolies petites montagnes bombées. Je suis seul. Ce vaste paysage m'est réservé. Au loin, il n'y a plus qu'une ville. Depuis cent kilomètres bientôt, les panneaux routiers n'indiquent que son nom : Kakavijë.

L'atmosphère est douce. Le vent me pousse. La route est plate, toute lisse... Je glisse dessus sans effort... J'avance comme une caresse... La Grèce est juste là... Je la cherche des yeux... Où commence-t-elle ? Sur cette colline ? Ou peut-être sur celle qui est juste derrière ? Entre elle et moi, il n'y a plus d'obstacles. C'est fini, je les ai tous franchis. Il ne me reste plus qu'un geste à accomplir ; et ce geste, c'est le plus délicieux : je n'ai plus qu'à soulever le voile ; le voile sous lequel se cachent Athènes, Sinope, le Parthénon, l'Olympe, la mer Egée, les églises blanches aux toits bleus. Je suis impatient, en ébullition. Tout en moi pétille ! J'ai la main sur ce voile, mais, au lieu de le tirer d'un coup brutal, je caresse le tissu... Je ferme les yeux... C'est le plus bel instant. Je prends de grandes inspirations. Je suis au sommet de mes rêves. Je sens grandir en moi un enthousiasme, une excitation, une jubilation, et me laisse envahir par ces vastes émotions que je fais durer le plus longtemps possible... étant donné qu'au fond de moi, je sais qu'une fois la frontière franchie, il me faudra malheureusement commencer à descendre, car si poursuivre un rêve, c'est s'envoler, l'atteindre, c'est atterrir.

J'imaginais des immeubles, des voitures, du bruit. Rien de tout cela. Kakavijë est un village quasi désert au pied d'une colline. Je le traverse dans le silence. Puis la frontière est là. Trois voitures sont devant moi. En attendant mon tour, je songe à ces longues soirées d'hiver durant lesquelles, rêvassant à d'improbables odyssées, je scrutais ma grande carte d'Europe en me disant : « C'est tellement loin... Tellement loin... Y arriverai-je ? » Qu'il était beau ce rêve ! Qu'il m'a fait battre le cœur ! Avec des yeux que l'euphorie fait étinceler et que la nostalgie humecte, je regarde le drapeau hellénique flotter dans l'air du soir ; et tout fébrile, je me répète : « Je suis allé jusqu'en Grèce à vélo ! »

Cet accomplissement me comble. Bien sûr, mon aventure n'est pas terminée : je veux la prolonger de milliers de kilomètres. Il me faut encore aller chercher mes autres rêves, mais désormais, quoi qu'il advienne (qu'un chien me transmette la rage en Roumanie ou qu'un camion me renverse en Turquie), mon rêve grec est à jamais exaucé ; et il a dans mon cœur plus de place qu'un vingt sur vingt, qu'une médaille, qu'un diplôme, que mille lingots ; et plus tard, si je suis triste, je pourrai me dire : « Oui, le ciel est gris, mais il y a ce soleil qui brille encore au fond de moi. Ah ! Je me souviens... Avec mon vélo, j'ai traversé des îles... J'ai gravi des montagnes... Je suis monté sur un voilier... J'ai contemplé des lacs… J'ai pédalé au-delà de minuit… J'ai dormi à la belle étoile… Je me suis réveillé au bord de la mer… On m'a offert des cerises… On m'a lancé mille bonjours… Et un soir d'été, je suis arrivé au pays de Diogène. »

Juin 2010.

De Grenoble à Grenoble : 11 277 kilomètres à vélo. 90 jours. 20 pays traversés : la France, l'Italie, la Slovénie, la Croatie, la Bosnie-Herzégovine, le Monténégro, l'Albanie, la Grèce, la Turquie, la Bulgarie, la Roumanie, la Serbie, la Hongrie, la Slovaquie, l'Autriche, la République tchèque, la Pologne, l'Allemagne, les Pays-Bas et la Belgique.

Table

1. L'envol 7
2. Le soleil de Diogène 15
3. Doutes et contretemps 21
4. Camping et supermarché 27
5. Béton, compétition et autres désillusions 35
6. Les chiens sauvages 43
7. Le bruit des vagues 49
8. Ma petite île 53
9. Un parfum doux comme un secret 59
10. Les cerises de Bosnie 65
11. Les richesses de l'imprévu 69
12. Rêveries albanaises 79
13. Solstice 85
Carte 91

Aventures suivantes

LES IMMENSITÉS SECRÈTES

LES RELIEFS ÉPHÉMÈRES

À la poursuite de l'horizon : texte achevé en 2012.
© Première version : 2010.
Première publication en juin 2015 (Mon Petit Éditeur).
Deuxième publication en décembre 2023 (BoD) :
texte, mise en page et correction de Matthieu Stelvio.
Relecture : Marianne et la Bisontine. Merci !

Les Immensités secrètes : texte achevé en 2020.
© Copyright déposé le 12/4/20.
Première publication en août 2020 (BoD).
Texte, mise en page et correction : Matthieu Stelvio.
Relecture : Marianne, Raphaël et la Bisontine. Merci !

Les Reliefs éphémères : texte achevé en août 2022.
© Copyright déposé le 2/9/22.
Première publication en avril 2023 (BoD).
Texte, mise en page et correction : Matthieu Stelvio.
Relecture : Blandine, Idris, Marianne, Raphaël et la Bisontine. Merci !

À celles et ceux qui m'ont aidé à construire de beaux souvenirs dans les contrées sauvages,
je relance cette invitation : « Vivement notre prochain bivouac ! »